男人和女人的情話真話

／兩性關係的生活智慧

陳福成／著

自序　當代兩性關係的生活智慧

儘管我們看到當代的兩性關係正在「解體」，但也看到許多堅定不移的維持現有制度，使所處的兩性關係和諧。

儘管有許多「不婚」的女人，但我仍看到許多女人不放棄她的「天職」；反之，男人也是，婚與不婚都要智慧。時代已進步到人們把「性」視為一種「生活消費品」，但相信多數人還是很慎重吧！性不性也需要一點「主張」！這年頭還有「愛情」這玩意嗎？年輕的一代流行「劈腿」，校園裡仍有很多浪漫的雙雙對對，你（妳）為什麼孤單？

在婚姻的維持過程上，原本男人向來有「主導權」，且外遇「市場」也向來男人較多，但現在勇於主動提出離婚的女人增加了。男人與女人如何相處？從五千年前到至今，原理不變，方法原則小小改變而已。

永恆不變的鐵則，男人還是需要女人，愛漂亮的女人，也需要愛，需要性；反之，換成女人亦如是，僅少數例外。有的女人很可憐，很悲哀；有的男人很可惡，很混蛋，其實都是一念之間即可轉變，也有方法可以應付。其實婚不婚、性不性、愛不愛、有沒有？都是次要的，關鍵在你清不清楚自己在做什麼？就是妳想要的嗎？

兩性關係的本質，原本就存在矛盾、衝突、對立、和諧、統一、佔有、需要、相吸等關係，用點智慧便能快樂共生。

兩性之間何必太嚴肅，多給一點，少給一點；有些話也不必太認真，情話、俏話、閒話或假話，向來也不必做「概念分析」，又不是做科學研究，何必那麼認真、堅持？

本書原稿完成於一九七五（民六十四）年
一九七九、八二、九〇年三次修訂
公元二〇〇八年春再修訂出版
作者謹誌

目次

第二輯　男人

第三輯　婚姻愛情與兩性關係

第四輯 性與愛

第五輯　兩性關係勵志雋言

目次｜contents

第一輯

女人

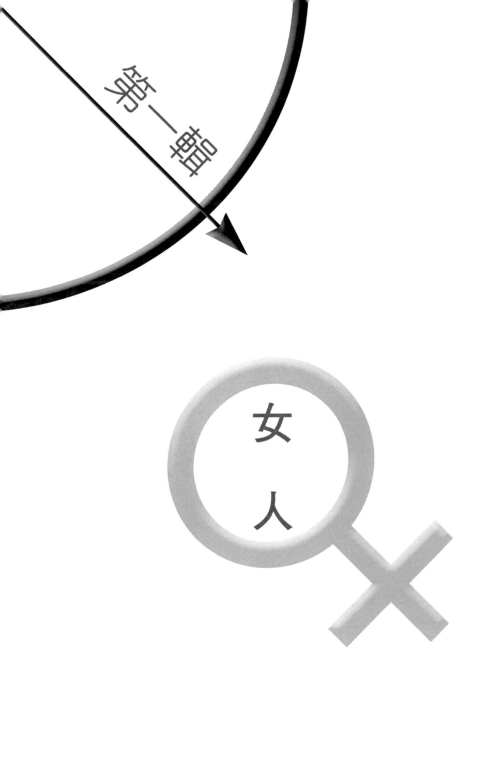

「十大美女典型」學習

漂亮是上帝給女人的最大「財寶」，美女自古以來就先佔有很多便宜。但她的成就多少？或能否幸福？與其性格、造化有關。中國歷史上「十大美女典型」便是。

西施：忍辱負重，以身許國，艷名永留芳。

貂蟬：對篡權的董卓及呂布巧施連環計，傳奇一生。

楊貴妃：一人得寵，全家受惠，終於也付出代價。

王昭君：和親匈奴，使漢匈維持六十年和平。

趙飛燕：聰明伶俐，身輕如燕，得漢成帝喜愛。

卓文君：和司馬相如私奔，勇於追求自己所要。

蔡文姬：精通琴棋詩畫，悟性很高的才女。

文成公主：奉命與吐蕃王和親，有功於漢藏文化交流。

王寶釧：苦守寒窯十八年，故事至今感動。

珍妃：光緒的寵妃，哀怨一生，最後被慈禧賜死。

女人的漂亮確實是無上之財富，可得到一般女人更多的好機會，啊！美女，創造妳更多更大的「附加價值」吧！

好女人、好太太

世紀之飛梭進入所謂「後現代」，我碰到許多男人大嘆好女人、好老婆不見了，也碰到女人嘆好男人、好丈夫不見了。其實好女人、好太太還是很多，在我朋友圈中就看到很好的：

勤儉持家，不奢侈浪費，也不會一味追求流行。

能留住老公賺的錢，不會老往娘家搬。

敬奉公婆長輩，親切自然，盡心盡力。

夫妻相敬，不爭「主導權」（不爭天下而有天下）。

給老公的「空間」也算「寬大」。

相信這年頭能做到這樣的老婆，絕對算是好太太、好女人，相對地她的男人也大多可以做到好男人、好丈夫。而像這樣的女人，她受到各方敬重，她所感受到的幸福，人際關係的和諧，必能為她帶來更多的快樂。

所以，世事都是相對的，且物以類聚，好太太和好丈夫的存在是「互為因果」的，不信可多觀察。

不好的女人、不好的太太

首先得聲明，並無一定的普世標準，用來衡量「好或不好的太太」。例如，通常認為「牝雞司晨」或「河東獅吼」不好，但也許有的男人確實需要牝雞司晨，或需要一隻「獅子」管他。我認為這些都是例外，常態之下，女人不要成為下列的情形：

河東獅吼型、牝雞司晨型。

搬弄是非，挑撥兄弟感情，造成同室鬩牆。

不顧風俗禮制，夫家親友都斷了。

骯髒邋遢，臃腫肥胖，好吃懶做。

女人成為上述的樣子，雖一時間覺得很「爽」，可以為所欲為，但保證會失去更多。有的女人會說「已成習慣了」，是吧！壞由習慣養成，好也由習慣養成，世人大多不知不覺，女人如此，男人也是如此。

總之，妳想成為更好，想得更多，必須先約束自己，多付出，絕不可能有好處讓妳全撈。

上海女人真「有種」

據說，上海男人明知太太有外遇，老公都還是照樣忍氣吞聲，每晚準時回家煮飯燒菜帶孩子。又據非正式統計，上海已婚婦女有一半以上有婚外情。

換言之，在上海紅杏出牆多於包二奶的，上海女人可真「有種」，目前（二〇〇七年）上海男人戴綠帽的，仍領先大陸各城市。看來大陸女權是真的解放了。

上海男人為什麼能夠容忍老婆和別的男人睡覺，其實他們是真的「顧全大局」，不願意組成的家庭毀了。所以，他們真心容忍，靜待「浪女」回頭，用這種方式「寵」女人，真是上海女人的福氣。

但上海男人的「包容」美德，似乎未得好報，因為上海提出離婚的，女性比例遠高於男性，且妻子常以「性生活不和諧」為由，把老公「開除」。

由上述觀察，大陸的婚姻真正落實兩性平等。

當一個女人要把那些事情處理好？

要把愛情處理好，否則影響一生幸福。
要把性問題處理好，否則影響人品貞操。
要把自己處理好，否則以後如何處理先生？
要把服飾、粧扮、美容處理好，否則不像女人。
婚後要把先生處理好，否則他會節外生枝。
有了家庭要把工作處理好，否則影響家庭和諧。
懷孕期間要把肚皮和性事處理好，否則對胎兒不利。
生兒育女要處理好，否則無計畫，不該來的都來了。
要把自己和婆媳關係處理好，否則滋生若干問題。
要把左右鄰居處理好，否則被人道長論短不划算。
要把各種感情處理好，否則經常左右為難。

再談女人

有時候女人像一頭猛虎，許多男人都不敢惹她。
有時候女人像一隻綿羊，所有男人都喜歡她。
有時候女人像一隻狐狸，許多男人會上她的當。
有時候女人像一隻孔雀，隨時利用機會展示她的美麗。
有時候女人像一隻北京犬，喜歡人家抱著她。
有時候女人像一隻烏龜，讓你等三個小時才姍姍出門。
有時候女人像一隻貓，吃不到半碗就說飽了。
有時候女人像一隻母鷄，拼老命護著子女。
有時候女人像一隻夏天的蟬，從早到晚叫個不停。

女人與商品

現代女人幾乎是商品的化身：

化粧品用美麗的模特兒做廣告，可以吸引女人購買。

內衣褲大衣或名貴服飾，非用美女做廣告不可。

房地產銷售，用精明能幹的金釵，「買一送一」。

名牌轎車為了市場競爭，流行「美人香車」跟著走。

圖書封面用迷人的女明星最能提高銷售率。

家電用品也是女人的天下。

藥品用女人做廣告，藥效可以提高。

電影、電視、廣播電台有了美麗的女人，提高收視率。

歌廳、咖啡廳、冰果室更高價收購漂亮尤物進門營業。

反正想賺錢的人都在女人身上打主意。更重要的，女人就像一件「高價位商品」，林志玲一個回眸一笑多少錢你知道嗎？

女人像什麼？

像花瓶，放在明顯的地方給人欣賞。
像明月，晶瑩剔透的夢，難思攀緣。
像星星，水汪汪的眼睛，絢麗的輝顏，光耀奪目。
像夢裡的女神，為你膜拜、謳歌，為你讚美。
像流星，高熱的愛，短暫的青春，為你瘋狂惋惜。
像一首新詩譜成的歌，大家愛唱，未必了解其真意。
像一座山，崇拜你，所以要攀登那彈性的峰巒。
像一條船，始終在找尋一個可靠的港，寄託她自己。
像一件藝術極品，是造物者窮天地之精華而成。
像一本武俠小說，越看越入迷，連飯也不想吃了。
女人還像摩托車，光看是不行的，越騎越瞭解性能，馬上駕輕就熟。

好女人立什麼志？

立志這一輩子只嫁給一個好男人。
立志做一個好太太，幫助丈夫成就事業。
立志做一個好媽媽，叫全家都過得舒舒服服。
立志不幹妓女、舞女、酒女、「限時專送」等工作。
立志不和丈夫爭權奪利。
立志不和婆婆吵架或爭新女性地位。
立志不和同類打架抓頭髮或當長舌婦。
立志做一個內外兼修，才色德雙全的女人。
立志永遠不參加「三缺一」的局面。
立志不當三姑六婆，做可愛的女孩或高貴的夫人。
立志好好讀書、交友、工作、修身，做真正的女人。

女人V.S政治外交

有外國領袖或貴賓來訪時，派美麗大方的女記者採訪，可使氣氛格外親切，大批華僑參觀經建設施時，選漂亮的車掌小姐隨行服務，必能包君滿意，效果更佳。

訓練活潑可愛有禮的女學生出國訪問，或表演節目宣慰僑胞，大益於團結海內外力量，以做好國民外交工作。

派望重一時的部長夫人前往無邦交國協助社會福利工作，可以促進兩國建立更密切的關係。

有某大亨來訪，派才色雙全的女人服侍，可以解決許多會議桌上所難以解決的問題。

各種不同的女人，能擔任正式外交、文化、諜報、國際談判、買賣等重要工作，應善加發揮。

女人是天才管家

女人喜歡管先生是天生的本能：

她管丈夫什麼衣服能穿，什麼衣服不能穿。

她管丈夫什麼該吃，什麼不該吃。

她管丈夫下班後該幾點回家，不該去那裡。

她管丈夫公司裡的女職員，那幾個要注意。

她管丈夫每個月拿多少錢回來，什麼錢不能花。

她管丈夫的交友，誰能交，誰不能交。

她管丈夫喝酒抽菸，能與不能，或使用何種廠牌。

她管丈夫衣著，要配那條領帶皮帶，穿那一雙皮鞋。

她管丈夫休閒時間要如何支配安排。

她管丈夫事業應酬；反正雜七雜八的事她都管。

男人啊！現在還需要一個管家嗎？或者，女人啊！妳是管家嗎？

形容女人

中國文人對女人的形容可謂出神入化，登峰造極了。
以花來形容女人之婀娜多姿和花枝招展。
以秋水形容女人明眸之亮麗迷人。
以鶯聲燕語形容她嬌滴滴的聲音，以紅豆比喻相思。
以天上雲彩形容女人衣衫的飄逸超脫。
以冰和玉形容他肌膚的潔淨細嫩，春筍形容她的玉手。
以桃花形容她的臉蛋，明月形容她的眉毛。
以櫻桃形容她的小嘴，以潔白的貝殼形容她的皓齒。
以如蘭似麝的芳香形容她散發出來的體味。
以出水芙蓉形容浴罷的嬌豔。
中國女人誠然是世界所有理想與美麗的化身。

現代女人要關心那些人？

古代女人只要關心丈夫和兒女就夠了。

現在女人若只關心先生子女是不夠的，甚至說那是一種痛苦；好像囚犯關在監獄中，只關懷其他高手的奇招，出獄後一無所有，變本加厲。現代婦女關懷對象共有：

丈夫、兒女、娘家婆家的每個人，左鄰右舍所有人。

先生如果是有頭有臉的人，他的上司、部屬也要關心。

孤兒院的孩子，養老院的老人，報上刊出無依無靠的可憐人，流浪的難民，都是關懷的對象。

部長級以上的夫人，對國賓、元首、貴客及該國有影響力的人，文人藝術家，災難傷亡的人等都要極度關心。

最重要的她要有慈善憐恤，悲天濟人的心去面對群眾。

教人敬佩的女人

正在產房中待產的女人。
已經當了媽媽，而且開始操心的女人。
被上白紗的新娘，人人看了都愛慕。
正在被追的女孩，男人不得不佩服。
能苦守寒窯或空閨三年以上的女人。
從事教育工作，奉獻心力栽培下一代的女人。
在金馬地區從事心戰、服務、教育等工作的女人。
能在國際體壇上擊敗群雄，為國爭光的女人。
能領導許多男人的女人。
能教男人自願為她而死的女人。
能叫男人死心愛她一甲子的女人。

了不起的女人

有幾種女人很了不起，算是裙釵中佼佼者。

從十五歲到五十歲都能保持裊裊婷婷的身材而不衰者。

能捱得住長期寂寞的女人。

能擔得起最多角色者，能使丈夫振作精神痛改前非者。

能當總統、總理、女王、市長、警長的女人。

能當巾幗英雄、革命者、先驅者的女人。

軍人、船員之妻子最了不起。

紅顏薄命，丈夫早逝，能獨立教養兒女成家立業；自己又能闖出一番局面，老來不靠兒女的女人最了不起。

婚姻失敗後，有勇氣追求二度幸福的女人。

能使許多男人尊重的女人。

女人的光榮

看女人淚眼汪汪，勝看男人滿面春風。
聽女人念經，勝聽男人說故事。
被女人大罵叱吒比被男人進言來得舒服。
聽女友細語勝於在歌廳聽男歌星高歌。
寧看女人在地上打滾，也不看男人在台上起舞。
寧看女人裸足，也不看男人裸體。
寧看女人溪邊浣衣，也不看男人在花園種花。
欣賞女人香汗淋漓，也不看男人西裝革履。
寧給老婦帶著散步，也不陪男士看電影。
寧陪女人喝開水，也不與男士喝咖啡。
男人對女人有極度的偏愛，這是女人的光榮。

婦女之道

孟子滕文公篇：「女子之嫁也，母命之，往送之門，戒曰之『往之女家，必敬必戒，無違夫子』。」

現代許多太太小姐來讀此文，總以西洋「女人至上」的觀念自居。殊不知這不合中國男人胃口，適得其反。

「以順為正者，妾婦之道也」，是我國婦女之德性。

傅家寶曰：「婦女能孝翁姑，敬丈夫，勤女工，主中饋，教子女，恤婢僕，便是修善修福。如不學好，雖日日燒香，神佛亦厭惡之。」正是這個道理。

社會雖然黑暗，人性雖然迷惘，道德雖然淪喪；守的住這個婦道的，其家必昌；守不住這個婦道的，其家必敗。太太小姐，戒之！思之！

女人的秘密有那些？

私房錢是天大的秘密。

婚前失貞或被騙上當的紀錄是秘密。

婚前和其他男人的浪漫史不要在丈夫面前提及。

駕馭男人的秘方不能公開。

確實年齡和身上三圍對外要保密。

身體上足以引起輕視或影響幸福的缺點要保密遮蓋。

影響美好形象的糗事，房事上的未盡人意等都是秘密。

與先生的牀上紀錄是絕對保密。

被前夫以及以前男朋友甩掉的原因要保密。

結婚離婚的次數要保密。

妓女從良後，她的往事艷史是機密。

女人的事業

誰說女人沒有事業，她們的要務比男人來得多而重要。

先生買了房子，室內設計裝潢要表現妳的能力才華。

對公婆、娘家、先生的朋友都要顧慮週圓是人際關係。

對經營家庭副業，餘款投資等項目要瞭解企業管理。

現代人重視營養，三餐食物，育嬰都要知道營養學。

兒女自小到大學畢業需要家教、讀書，應懂教育概論。

每天買菜，計算菜錢，市場動態又要瞭解。

小家庭制沒人照顧孩子，妳要懂育嬰常識。

重要社會新聞要關心，才能提前準備與防範。

另外插花、美容、應酬、駕駛、性學、音樂文學、體育等都要知道。女人在某些方面是博士也是通才。

好女人不……

不當胭脂虎，不當母老虎，不當河東之獅。
不當女王蜂，破壞自己形象，教男人看了害怕。
不當龜婆，不當鴇母。
不當花蝴蝶，到處亂飛。
不當流鶯，不當雉鷄，不當「鹹水妹」。
不當毒蜘蛛，不當蠱，惑害男人。
不當狐狸精，淫蕩無恥，敗壞人倫道德與社會風氣。
和丈夫說話不來獅子吼；不當母豬，沒有節育的拼命生。
不牝鷄司晨，專權又不守婦道。
不鳩佔鵲巢，去破壞人家美滿幸福的家庭。
不當人家鴉鬟，降低自己人格地位。

女人和生子

婚前生子，家庭社會始終不能諒解她，心裡那層矇矓的陰影一輩子都散不去，真是一種痛苦難忍的經驗。

婚後生子，是愛情的花朵結了蜜蜜甜甜的果實，以後倆口子感情更為融洽，如魚得水。總算沒有「白做工」。

結婚不生子，心裡老覺得白走了這趟路，或有一件事情未了，對上一代父母無法交卸。倆口子浪費精力和感情。

為生子而犧牲性命的女人，除了偉大就是惋惜。

不結婚的女人可能是藝術家、宗教家、教育家。

不結婚而有許多孩子，她不是妓女就是慈善家。

懷孕是造物者給女人的折磨，生子是給她最珍貴的禮物。

女人的特質

女人之所以為女人，是她具有柔弱特質的女人哲學。她像夕陽，像木，像花，像柳，像美玉，男人都喜歡。

如今有些女人高唱女權萬歲，強迫自己變得豪強；他們恨不得把所有男人趕下臺，都騎到男人上面去。大言「身不得男兒列，心卻比男兒烈」。殊不知這樣下去，她們失去自然所給予的本質，女人味慢慢淡薄，是女人沒落了。

剛強豪美是男人的招牌，溫柔嬌羞是女人的特質。

有些女人急著爬昇，急著翻身。其結果是招來男人更強烈的反擊，競爭比畫之下，輸的必定是娘們。

有些女人更急著跑出廚房，丟下兒女。其所造成的家庭問題和社會問題，女人要嘗到更多苦果。女人！三思，放眼看看，妳還「像」個女人嗎？

科學給女人帶來幸福和美麗

二十世紀給女人帶來無限幸福，尤其在美容醫方面：

太太小姐們請看廣告：「豐額、豐頰、隆鼻、鼻頭拉長加高、酒渦、櫻唇、美化下巴、印堂填平、美化耳垂、雙眼皮等，使你有一張漂亮的臉，永遠被男人愛著。

除皺復春，老皮換新，保用十至十五年。

疤痕美容有痳面、凹點、傷痕、痣、疣、瘤等，使你全身肌膚透明亮麗如嬰兒，找不到半點瑕疵。

隆乳有迷你型、普通型、豐滿型、ＢＢ型，任你滿意。」

還有更神奇的呢！處女膜再生，移植整形，鬆弛整形；再加上高貴服飾與瑪瑙鑽石，簡直可以把女人都整修得沉魚落雁。哇！所有女人都可以當模特兒。

成功的太太

有的女人以為生米煮成熟飯後，就拴住了男人，於是：脂粉不施，邋遢骯髒。蓬頭垢面，引不起男人興趣。好吃懶做，體胖如豬，講她還不太高興。其下場是「藝妓鳩佔鵲巢」，請聽我忠言逆耳：

首先你永遠要保持模特兒的身段和氣質。

在性愛方面要向妓女一樣體貼，滿足他的需求。

在公關方面要當一個大方的貴夫人，端莊嫻雅。

相夫教子，敬奉公婆要盡心盡力，為家庭帶來和樂。

女人需要裝潢

關起門來，對妳的女人有過分責備或經濟上的不滿足，她不但可以忍耐，而且可以諒解。打開門來，只要你不尊重她或服飾上與別的女人不平齊，她可能就會翻臉，甚至罵妳是沒有用的男人，人家都怎樣，你又怎樣等。

女人在外面要向貴婦一樣穿金戴銀，在家裡可以和下女一樣樸素無華。男女之間女人更需要表面的尊重，正如客廳需要裝潢陳設。女人的衣著代表先生地位和經濟能力。

所以女人住的地方總要金碧輝煌，她需要高貴的化妝品，雲彩的衣裳，蓮步輕移的高跟鞋，才能像一個女人。

女人妝扮的原則要：表現地位、高雅、大方、流行、味道、得體、代表民族文化、合乎禮制、嫵媚動人等。

影視界女子的印象

我從來沒有想過要娶影視界女子為妻，她們在愛情上所表現的是一副不在乎的樣子。她們只是在「作」，視愛情為「作品」。所以悲劇演完，接著排演鬧劇，三更半夜演脫劇，一個作品接一個作品，不斷地創作。

為了宣揚作品，她們忙著「迎張送李」，我很吃不消。

有時候我很喜歡她們這些女人；遠觀她們的倩影，離得遠遠地看她翩翩起舞，欣賞美妙的玉音，是湘女多情的。

寂寞的時候，動人心弦的歌聲，謙虛的語氣，溫柔體貼的表情，使我也抒發感情，忘掉塵世煩惱。影視歌界的女人有使男人動心的地方。惟需要改進一個陋習，不要把婚姻愛情當成新聞廣告打知名度。

美人難伺候

一個遠超常人的美麗和英俊的人，往往也帶有更致命的缺點，許多人上了這個當，要怪自己眼睛沒張開。

在愛情的窩巢裡，漂亮並非絕對握有幸福權柄。也許是「李鐵拐」或「諸葛亮夫人」型，並未對幸福構成威脅。

這些外表並不俊秀的人，內心都深藏著高貴氣質和婦德，與他們相處如坐春風，足以享受溫馨，天長地久。

美女必有姿色，麗質天成而妖艷，艷與色都足以迷惑男人，顛倒眾生，傾國傾城；英俊瀟灑的男人總是驕傲自大，自命風雅，卻成為美滿婚姻中唯一的敗筆。

太太小姐，如果妳的男人長的俊，要特別留意。

先生男士，如果妳的女人是美女，更要千萬小心。

從各個角度欣賞女人

有些女人只能遠觀，不可近玩：

紅歌星、電影明星、電視紅星、明星女記者等。

有些可遠觀，且比較容易近玩：

二三流影視明星，小牌演員。

有些好近玩，不可遠觀：

百貨公司專櫃小姐，飯店女服務生、空中小姐，一般公司職員秘書，可遠觀，有時可找機會近玩。

有些不可遠觀，更不能近玩：

母老虎、老鴇。

這一觀一玩之間男人要分清楚，否則也會倒楣。

女人使社會進步

有了女人，人類社會的進步很叫人嘆為觀止。

為了女人，我們研究整容學、美容學、營養學、紡織學、聲樂、美術、服裝、手飾工業、化學、冶金、法律。

為了美化女人，我們從手工業、輕工業、重工業、按部就班；從人力密集到技術密集，循序漸進。

由於「女人工商業」的發展建立，如今工商繁忙，公司大廈雲集，大量吸收閒雜人口，解就業問題。

許多男人之所以不斷奮進，追求更高的事業成就，都是為了要表現給女人看；女人實具有最大鼓舞作用。

如無女人，許多大百貨公司、服飾公司、美容整形公司、大企業、大工廠都要關門、因為他們都賺不到錢。

勿以色事人

漢武帝的李夫人嘆曰：「夫以色事人者，色衰而愛弛，愛弛則恩絕，上所以攣攣顧我者，乃以平生容貌也，今見我毀壞顏色非故，必畏惡吐棄我。」，是女人的可悲處。

時代進步，現在女人要以什麼事人呢？

當然，美麗漂亮自古就是女人用以事人的最大法寶。

現在加上高雅的談吐氣質，基本學識的持有。

對音樂文學，家庭計劃，烹飪藝術的認知與能力。

敬業精神，待人處事都影響妳事人的形象。

不過女人用以事夫的關鍵還是「愛心、耐心、善心」最能恆久，白居易說：「以色事人者，能得幾時好？」，女人不能不聽古人言。

女人是最佳考題

要考驗出家人是否成正果，叫他和美女生活十天。
要觀察藝術家有無藝術使命感，置裸女於其前。
要考驗夠不夠格幹軍人，同時給他三個女人。
要考驗一個男人有沒有辦法，是把他推入女人堆。
要考驗青年會不會胡來，心眼正不正，請他到女校去。
要考驗丈夫是否意志堅定，絕不走私，給他一個妓女。
要考驗男人修養和人格，先看他如何對待女人。
要看男人能否成就大業，給他嫵媚動人的美女。
各大小機關要選拔高級幹部，最好先調查他的女人觀。
看浪子能不能回頭，給他一個賢慧的女人。
要讓男人垮台，永不翻身，用漂亮迷人的美女。

女人與男人之爭天下

有女人想在事業上埋頭苦幹，想在這個競爭激烈的社會裡一展雄才大略。她們也盡力忍耐、學習，但是大多數的女人終要低頭，走入以下這些結果：

她愈來愈不像女人，許多男人怕她——怕被搶走地盤。

她變得不可一世，連丈夫也低頭認輸。

她會愈來愈像男人，女人指責她得背叛行為。

她把家庭都放在旁邊，她愈來愈不像母親或妻子。

兒女都不是她養大，不住一起，兒女都離她好遠，母子之間情感冷漠，又經常不在先生身邊，她愈來愈孤獨了。

事業戰場本是男人天下，現在女人也插足，於是家裡沒人管，兒女無人教，小太保愈來愈多，倒霉的還是女人。

女人要發揮她的天生本能，不爭而有，不爭天下而有天下；不須親自創造，而享有創造成果。

女人也是武器

女人的眼淚是男人的軟骨劑或瀉藥。
口水是多種武器的混合物，也是一種男人補品。
汗是男人的香水，有時能使男人對妳產生特別感覺。
呼出的氣是男人的興奮劑，足以振奮精神。
體味是迷魂陣，「仙」是春藥。
髮香使男人滿足傾倒，對妳生愛慕感。
口紅引起男人刺激衝動，點燃性慾之火。
嫵媚誘惑是一把快劍，常叫男人死的不明不白。國際間諜戰中最常用且最厲害的武器就是美女。

女人全身都能拿來當武器用，女人本身就是武器，從古到今，政壇鬥爭，用女人毀滅對手最方便經濟。

談女人

女人是很好的話題，一堆男人在一起，話題通常是女人，女人的話題也常和女人有關。但有些特別的對象，就有弦外之意。

對和尚談女人是污辱，有時候一種測試。

對雅士談女人是高尚，是一種禪修。

對藝術家談女人是提供靈感，開發創意。

對俗人談女人是下流，也是無聊。

對商人談女人是做生意，也做市場調查。

對貪官污吏談女人是賄賂，或正在進行一筆交易。

對女人談女人是自討沒趣，或是挑撥，或其他不良企圖。

對大官談女人是拍馬屁，可能正在策劃升官大事。

對沒錢人談女人是畫餅充飢，對有錢人談女人是送禮。

對未婚男人談女人是積德，對已婚男人談女人是缺德。

可以賣的東西

電影明星出賣她美麗的倩影和高明的演技。
模特兒賣她標準身材，推銷她所代表廠牌的衣服。
歌星出賣迷人的歌聲，模特兒也賣回眸一笑。
按摩女郎出賣「馬殺雞」技巧，使你通體舒服。
妓女賣肉，事實上這是一種工作，「工作權」應受到尊重。
現在也有女人不甘賣肉，她只賣時間——陪你散心。
冰果室、咖啡廳為什麼都是女人天下，她們賣什麼？
賣吻，吻一次隨便你丟多少都可以，相信嗎？
酒家女賣她的酒和酒量，酒賣的越多生意越好。
名女人用過的飾品，衣服，信件，鞋子等，都是錢哩！
女人全身無一處不能賣，就看賣不賣，如何賣而已。

女人希望什麼？

希望自己髮型、服裝、粧扮永遠領導流行。
希望自己成為一顆閃亮的大明星。
希望她是最漂亮的女人，最有媚力的女人。
希望有一個溫柔體貼，風度翩翩的白馬王子。
希望丈夫事業成功賺錢，買別墅轎車。
希望先生永不變心，永遠愛她；不論牀上牀下都愛她。
希望金銀手飾掛滿全身；希望先生薪水全部拿回來。
希望青春永駐，永遠迷人美麗，永遠可以迷惑丈夫。
希望有一個安定、快樂、幸福的家園。
希望婆婆少管閒事，先生是「好男人」，一切都自己做主。
她還想要名利和地位，當一個高貴的夫人。

文明和女人

前人有言：「下等人打老婆，中等人罵老婆，上等人讓老婆，聖賢豪傑怕老婆。」真是衡量人品的好標準。

男人的成就和品格決定於他對女人的尊重程度。專家也說：「要看社會文明與否，只看男人對太太的尊敬與否。」真不愧為一針見血之言，鏗鏘有聲。

落後如非洲、南美洲者，為何數千年以來始終無多少進步，甚至滯留原始社會，不登文明之堂，因無女權也！

進步如美國、德國、英國者，目前已執世界科學文明之牛耳，為各國人民所嚮往，因女權運動進步發達也！

現我五千年文化之大國民尚有打罵太太者，應痛加反省，以做上等國民。尊敬女人是文明進步的鐵關玉鑰。

女人和花

美麗的花有動人的花香味花氣質，人人都想要。花是植物界的女人，她把大自然美化成人間仙境。

美麗高貴的女人，有花之香、花之味、花之姿，男人都想弄到手。女人是人類世界的花，把社會點綴得更生動。

送給情人的一定是芳香的玫瑰。

新娘總是捧一束她喜愛的鮮花。

贈給母親的一定是芳香的康乃馨。

模特兒攝影必有花做伴。

女郎總在花間流影，漂亮的花園別墅若無女主人，就相形失色。夫妻上牀前別忘了在旁邊放一瓶漂亮香濃的花。

花和女人誠然是自然界之寶玉。

女人，起來吧！

男人三妻四妾，左擁右抱，很少受到指責，還美其名曰「齊人之福」。女人紅杏出牆或梅開二度，必定被罵成「荒誕不經，不守婦德」實在是不公平的「文化」。

全國婦女都要拿出「新女性」精神，革除男人壞習慣，為一夫一妻制而奮鬥，勿使男人專美於前。

如男人在外金房藏嬌，則痛加修理他。

如男人薪水不拿回家，盡在酒家喝酒，則痛加修理他。

如男人骯髒邋遢，不浴上牀，則痛加修理他。

如男人與女秘書關係曖昧，要趕快採取行動。

婚後四年要注意丈夫行為表徵（已經不需七年）。

如男人囂張，把妳當下女用，則痛加修理他。

日本女人的特色

據說娶日本女人，吃中國菜，是天下男人的願望，必有原因，為什麼世界各國的男人都喜歡日本女人，自有其原因：

日本女人到三十五歲還不會發胖，線調粗細有度。

日本女人皮膚細，膚紋較歐美嬌娃柔嫩潔白。

日本女人體貼丈夫入微，男人感覺是主人。

當男人喝醉酒回來時，日本女人不會破口大罵「酒鬼」，一聲不響扶進去休息、脫鞋，拿毛巾擦臉。

日本女人中，長舌婦比率較少。

日本女人對男人講話時，使用一種特別文法和語調，以表現她的自謙與柔情教養，男人都深受感動。

總之，和日本女人在一起，你會覺得自己更像男人。

可見世界上各民族男人有種族之別，對女人的需要和感覺概同。

女人的功能最大

在上帝所創作的各種「產品」中，以女人的功能最大，價值最高，世間的工業、農業、服裝等各行各業，都和女人有關，文學藝術亦然。

女人是畫家創作靈感之泉，是永不乾涸的泉水。

是沙漠中的綠洲，湖中睡蓮，晨露、星星……。

是所有純真、美麗、善意、快樂、滿足的代表。

是詩人筆下跳動的詩篇，作家構思的體裁。

是攝影家追蹤的獵物，是男人愛的對象。

是烈士赴義所唯一放不下的人。

是男人創造偉業，奮鬥不懈的動力。

是男人的寶貝，男人的心男人的生命。

更主要的，世間所有人全都自女人肚子出，所以女人對社會發展，人類不絕，其功勞、功能都最大。天下所有女人，都應得到善待。

惹人愛的女孩

都市女孩以活潑大方惹人愛。
鄉村女孩以純樸清秀惹人愛
山地女孩以其身體健康，美目傳神惹人愛。
窮人家女孩以勤勞苦幹惹人愛，富家女以嫁粧惹人愛。
有某些缺陷的女孩以其智慧才華惹人愛。
女議員女經理以其社會地位和事業前途惹人愛。
美女人人愛，醜女孩以其內在美惹人愛。
將軍女兒以其關係背景惹人愛。
護士小姐、女老師以其職業惹人愛。
大富人家的獨生女以其財產惹人愛。
有句古話：「臭豬頭自有蒙鼻菩薩」，真是一點不錯！任何「破鍋」也會有一個適配的蓋子。

女人怕什麼？

女人最怕她的男人想以前的女人。
女人最怕男人身上放太多錢。
女人最怕她的男人軟弱到不能保護她。
女人最怕男人胡搞亂搞，不務正業。
女人最怕男人不出去做事，天天在家吃閒飯。
女人最怕男人在外金屋藏嬌，把她丟在家裡渡長夜。
女人最怕「孩子的爸爸天天不回家吃晚飯」。
女人最怕有其他女人死纏著他的男人不放。
女人最怕不講道理的暴君，不懂惜玉憐香。
女人最怕男人染上吃喝嫖賭的惡習。
女人最怕男人忘恩負義，怕男人太聽媽媽的話。

第二輯

男人

星雲大師主張「丈夫七出」

古代有「女人七出」，可見古代女性處境艱困。但現代男女平等，大師認為男人如果「問題」太大，讓女人無法忍受，女人也可以提出離婚，是謂「丈夫七出」。

懶惰：男子好吃懶做、不務正業、不負責任。

賭博：賭癮不改、敗光家產，早早離婚為妙。

酗酒：酒醉誤事、家暴，無法共同生活。

家暴：專制、獨裁，經常打太太小孩。

吸毒：傾家蕩產，可能賣妻賣女，也早離婚為妙。

不務正業：雖無前項之害，但不做事，竊盜詐欺等。

行為不檢：各方面都可，惟性好漁色，好搞女人。

星雲大師也很開朗，他並不古板，他認為不管「一夫一妻」，或「一夫多妻」、「一妻多夫」，在人類歷史上都曾是正常合法的婚姻制度。關鍵在夫妻之間互重互愛、互敬互諒，能營造幸福美滿的就是好制度。

嘉許「新大男人十段準則」

日本老男人近年担心老妻主動求去，有一「全國大男人協會」提出「新大男人十段準則」，台灣男人也適用。

初段：愛老婆超過三年。
二段：很會幫忙做家事。
三段：不曾外遇或外遇不曾被捉到。
四段：徹底奉行「女士第一」。
五段：會牽老婆的手散步。
六段：認真聽老婆談話。
七段：婆媳問題不消一夜就解決。
八段：毫不猶豫說「謝謝」。
九段：有過時不猶豫說「對不起」。
十段：常說「我愛妳」。

相信很多台灣男人也不見得能做到幾項，總可以自我勉勵，再努力。倒是「外遇不曾被捉到」列為「三段」（正面意義），頗為可疑吧！還有，愛老婆只要三年嗎？

「不良的大男人十段」警示

日本「全國大男人協會」為提醒男人們改過，列出「不良的大男人十段」，也值得台灣男人參考。

初段：陪老婆購物拒拿購物袋。
二段：拒絕倒垃圾、掃浴室。
三段：意見不合時，以自己意見為主。
四段：隔壁買鋼琴時，大聲說我們買口風琴即可。
五段：要求老婆孩子正襟危坐聽訓。
六段：曾打過老婆耳光。
七段：讓老婆平白等兩小時，老婆沒有半句怨言。
八段：不高興時會翻桌子。
九段：與老婆吵架時，會大聲說「給我滾出去！」
十段：老婆曾說：「沒見過像你這樣的大男人主義者。」

我仍相信我們台灣男人有不少犯了這些過，可以自我檢驗看看，人非完美，總會有錯，能改就好。

男人退休後怎麼辦？

為什麼先問「男人退休後怎麼辦？」而不問女人們呢？照我經驗觀察，女人面對這件事問題小，男人問題卻很大。怎麼說呢？

以我為例，我退休後依然有不少活動。包括文藝界、台大退聯會、台大志工、佛光山台北道場讀書會、同學會……忙的不亦樂乎！但我發現，幾乎所有退休人員的活動，女性佔「絕對多數」。

男人退休後都到那裡去了？都在做什麼？在家看電視嗎？罵老婆或天天生悶氣嗎？我勸男士們千萬注意：

退休是個天大的好機會，想去的地方、想做的事、想讀的書，所有想完成的事而年輕時未能完成的，現在給你時間。快，把它完成吧！就快來不及了，沒機會了！

也別再堅持什麼偉大的價值觀，別守著什麼理論吧！別為日薄崦嵫而心情不好。人老了，一切都要放開，都放開了，人才會快樂。

走出來，迎向陽光，親近山水，參與活動，快樂跟著來。

只要給她愛

對女人的愛，是不必問為什麼？只要去愛。

你也不要千方百計去瞭解女人，只用愛代替瞭解。

不必急著要給她什麼東西，只給她愛，愛只是一種感覺。

在未給任何東西之前，就出示你的愛。

女人夜晚所思，終日所想，不外乎是愛。

不管女人是恨你、討厭你、嫌你窮、嫌你家世不好、甚至就快要變心了，加倍真心去愛她，就是最佳良藥。

女人一出生就比男人更需要愛，沒有愛她活不下去。

女人一生都在追尋愛，愛是她的人生理想目標。

女人只要男人給她愛，你用什麼手段都無所謂。

簡言之，女人就是愛的化身。只要你說「愛妳」，不論真情或假意，她便滿意了。

太太與男人事業成功的原因

男人之所以功成名就，輝煌騰達，女人的原因有：

太太賢慧，家務有條不紊，使丈夫無後顧之憂。

太太不斷鞭策鼓勵，先生不敢怠慢鬆懈。

太太管的兇，先生不敢玩女人打麻將，只好努力工作。

太太長的醜，引不起男人興趣，精力只得投向事業。

夫妻情感欠篤，丈夫不愛回家，只好以公司為家。

太太專心想當夫人，費盡心思協助丈夫建立人際關係。

為感謝太太的愛心與犧牲，努力奮進，報答愛妻。

太太房事冷感，丈夫也沒興趣，只好用工作麻醉自己。

靠裙帶關係爬昇，也不失為辦法之一。

所以不論何種女人，都有使丈夫成功的條件。

當一個男人要把那些事情處理好？

要把女人處理好，否則葬送你一生。
要把性生活處理好，否則亂性惹禍，遺害無窮。
要把家庭處理好，否則家務絆身，無心事業。
要把金錢財務處理好，否則易致身敗名裂。
要把事業前途處理好，否則了無希望，得過且過。
要把朋友處理好，否則益友壞友不分，也會葬送一生。
要把兒女處理好，否則一代不如一代，使你傷心欲絕。
要把父母和妻子的關係處理好，否則頭痛。
要把與上司部屬的關係處理好，否則易生工作阻力。
要把自己身體精神處理好，否則易失最重要資本。
如果外面另有女人！千萬要處理好，務必「藏於九地之下」，才能天下太平。

男人討厭什麼？

討厭女人成天嘀嘀咕咕嚕嚕囌囌，像一隻鴉子。
討厭女人把家醜外揚，男人臉上掛不住。
討厭女人做事拖泥帶水，這怕那怕。
討厭女人買東買西，不論有用無用，只要打折就買。
討厭女人爭風吃醋，天天纏在身旁。
討厭女人不做家事或不會作菜，使男人生活無味。
討厭女人出個門東挑西撿，化妝拖時間。
討厭女人死要錢，只知道伸手要錢。
討厭女人懶，懶如母豬，男人寧可自殺。
討厭女人跟管家婆一樣，亂管一通。
討厭女人三八，三八女人不但使男人討厭而且怕怕。

那些男人不與論婚嫁？

暴君不嫁，他不但把妳當奴才用，還常對妳施暴。
飯桶不嫁，他最拿手的任務是吃飯。
醋桶不嫁，妻子難為，而且不好相處。
藥桶不嫁，他一向「龍體」欠安，需要妳照顧他。
懶鬼不嫁，他回家只會翹二郎腿，什麼都不肯做。
色鬼不嫁，他見一個要一個，玩一個丟一個，是剋星。
賭鬼不嫁，最後他可能輸掉一切，包含妳。
酒鬼不嫁，在他心中妳的地位不如酒，沒有酒不能活。
煙鬼不嫁，他可能叫妳守很多年的寡，妳願意嗎？
毒鬼不嫁，他除吸毒賣毒外，其他什麼都不會。
士大夫也不嫁，他信仰「知易行難」學說，光說不做。
人人遵守這個原則，對人口品質和民族健康有幫助。

大丈夫的秘密有那些？

婚前有那些女朋友，不能讓太太知道。
婚前和那些女人發生過關係，更千萬不能叫她知道。
甚至告訴她婚前沒有碰過女人，沒有認識過其他女人。
對女人在某些方面比較「那個」的觀念，有時是秘密。
私房錢、外快和薪水的實際數目要保密。
和女秘書出去「交際應酬」不能叫太太知道。
因業務關係，出遠門數日數夜，吃個「點心」是秘密。
嚴重打擊男人尊嚴的糗事是秘密。
男人在婚前取得性經驗的方式要保密。
男人在性經驗上失敗的記錄要保密。

好男人不……

不當黃牛，不當猢猻，不當螞蟥。為害社會治安。
不當地頭蛇，不螃蟹走路，橫行桑梓，叫父老痛心。
凡事不蚍蜉撼樹，自知斤兩；不當狗腿子，狗仗人勢。
不在牀上當綿羊，叫女人掃興。
不當饕餮，貪得無厭；不當螟蛉子，受人閒氣。
不獐頭鼠目，不胆小如鼠，不狗拿耗子，不當鼠輩。
不當米蟲，不事生產；不當鐵公雞，好勇又吝嗇。
不當菜鳥，給人戲弄；不當駙馬，受大小姐悶氣。
不當烏龜王八，不當縮頭的鱉，不「聚麀淫亂」。
不當笨豬，不當死豬，不當豬。
不當寄生蟲，不當細菌，不當蛀蟲。

男人偉大之處

男人有一處是很可敬的，他明知和張小姐談戀愛終要失敗，也會去試驗。從失戀中得到寶貴的經驗，磨練毅力。

男人有屢戰屢敗，屢敗屢戰的勇氣；它可以大敗十次，求第十一次的馬到成功。女人經常是不堪一擊。

男人對愛情和女人的瞭解，勝過女人對愛情和男人的瞭解。所以社會上殉情者女人來的較多。

女人心目中的男人就是這種經得起挑戰，勇於接受挑戰的人。連戰連勝的男人是女人心目中的神。

女人寧可愛一個戰死的勇士，也不會同情敗軍之將。

女人需要百戰不殆，勇猛頑強的男人，她需要保護。

永不後退是男人偉大的地方，也是女人敬仰之處。

我希望女人是……

如果女人是一種食品，我希望是冰淇淋。
如果女人是一種寶貝，我希望是鑽戒。
如果女人是一株草，我希望是含羞草。
如果女人是一朵花，我希望是百合花。
如果女人是一種動物，我希望是綿羊。
如果女人是一條船，我希望是「一葉扁舟」。
如果女人是一種水果，我希望是櫻桃。

這樣一個羞答答的，純潔的，順從的女孩，誰不喜歡。

造物者創造萬物必有其固定形像，女人應有女人的形像，如其想超越這個原生界限，就成了四不像。

現在四不像的女人越來越多了。

男人最自私

我是男人，所以我最瞭解男人，天下最自私混蛋的動物，莫過於男人。朋友之間什麼東西都可以讓與，唯獨女人絕對不會割愛或暫時借用。

無論任何一隻「菜鳥」，他也癩蝦蟆想吃天鵝肉，娶姿質嫺雅，婀娜美麗，「色才德具全」的名媛。

自己在外尋歡作樂，卻要求太太晝如聖女，夜似娼妓。

他口呼愛不是佔有，卻強迫女友無選擇餘地。我忘不了舊情人的一句話：「天下的男人都不是好東西。」

向來不懂體貼的男人，總要求太太要多體貼。

大罵女人不守婦道，貞操不存，自己卻把女人當玩物。

高唱二度梅的高貴，叫他娶開過包的女人，死都不肯。

為什麼你是單身漢？

因為你沒有勇氣，你始終怕怕，怕這怕那……

因為你住在女人的禁地——單身宿舍或和尚學校裡，沒有女人的地方，就是踏破鐵鞋也尋不著一株花。

同時有教養的女人不會往女人禁地裡跑，主觀和客觀條件都足夠叫你永遠單身，唯一的辦法是搬出來。

去接近女人吧！所謂「近水樓台先得月」，「女人是愛她身邊的男人」是也！去纏她，煩她，約她出來。

主動找她，帶她去看電影喝咖啡，陪她看日出欣賞夕陽。不在她身邊時要天天寫信，生日寄禮物，打賀電等。

找適當時機表示愛意，說一聲：「我愛妳，永遠！」

尤其在她失意痛苦時，「我愛妳」三個字最管用。

為什麼愛女人？

男人愛女人有其道理，首先因為她是女人。
因為她能帶來快樂，解除我的寂寞，所以我愛她。
因為玉人弱如少樹，需要我的愛護澆水，所以我愛她。
因為她可以為我帶來兩個「小我」，所以我愛她。
因為她是我人生全程中，不可或缺的伴侶。
因為她必要時可以給我戴上「金箍扣」，所以我愛她。
我們之所以愛女人，勿因其為生理上享受的必要條件。
在崎嶇小徑上要有她來攜手共行，荊天棘地時有她相互勗勉，或共享人生情調。至少兩個人去完成一件事是比較容易些。總之，她是女人值得你愛；她也是最親蜜的戰友，值得你愛。

男人走火入魔

男人為女人走火入魔時，像一個失去理智的瘋人。

你見過一對男女在大雨傾盆或飛砂走石中狂吻嗎？

情人的淚水也比可樂汽水還要芳醇。

情人身上任何臭味都是芳香的，他們親吻性器表示瘋狂絕對的情愛。後來烏斑、豆子、香港腳、白頭髮都成了情侶身上美的象徵；肥胖也會註解成健康美。

有時你發現她尚未沐浴，但你依然要吻遍她的全身。從她的髮絲、臉頰、脖子、酥胸、腿上、腳上、足尖、指甲，最後，終於……

看官說他們是否瘋了？

是的，女人使男人發瘋，愛情使兩人都發癲。

大男人氣質表現在那裡？

篳路藍縷，創業艱難，若簞瓢陋巷，也要支持下去。
感情之事不可藕斷絲連，牽絲板藤，要料理乾淨清楚。
於公於私，盡力而為，不裝蒜裝蔥，拖死狗。
做芝蘭玉樹，服務鄉里；做國之棟樑，為國奠基。
國難之秋，留學後回來貢獻所能，勿楚材晉用。
兄弟棣鄂，相親相愛，不為爭奪財產而計較。
不得消極引退山林或梅妻鶴子，要勇敢大膽走向群眾。
不跟隨時代歪風，創作「桑間濮上」之樂，扭轉風氣。
與朋友交往如歲寒三友，不見利忘義。
當官如松風水月，清高廉潔，不貪銀贓款。
做人的道理自古不會有太大改變。

男人的投資

以成本會計的觀點，男人對女人的一切作為都是投資。

認識之初就要大方花錢，給她買衣服高跟鞋，觀光旅行要住頭等飯店，火車要乘自強號，這是初步投資。

要無條件侍候，態度要慇懃忠誠，這是精神投資。

窮男人要以他的幹勁骨氣吸引女人，這是間接投資。

有錢的男人要找名門閨女，這是名譽投資。

不論如何投資，只要好好經營，遲早會收回代價的。

男人之所以如此，其目的不外設法把「外人」變成「內人」，以後就都免費開支。茶來伸手，飯來張口就成了天經地義的事。其次是男人太過於專心志業，難免寂寞，有時候用「經濟價值」換取「感情價值」，亦不為過也。

男人心理

男人為什麼寧可當牛當馬，也要拼命賺錢養女人呢？
讓女人自由去闖天下，有一天男人會被擠到廚房裡。
男人天生勞碌命，女人天生享福命。
男人天生有指揮狂，當老闆慾望，有工作快感。
男人粗心大意，不適合煮飯燒菜，更不適於照顧小孩。
男人野心太大，雄才武略，豈能安於治理一室。
男人是強者，女人弱如水，需要保護照顧。
男人志在治國平天下，女人志在修身齊家。
男人坐在家裡有羞恥感，走出去就有榮譽感。
很重要的是女人生孩子要休養，男人不受懷胎折磨。
所以男人不論幹什麼，也要把他的女人養在家裡。

可愛的男人

男人也許粗俗衝動，在女人面前總是文質彬彬。
魯男子也許草率愚笨，若為女人故，常會比較聰明些。
男人有時目中無人，為了所愛的人，可以賣掉自尊。
男人也許腰纏萬貫而藐視貧窮，當他愛上一位窮小姐，就變成慷慨大方，甚至成了慈善家，改變他後半部人生。
男人有時是膽怯懦弱，為了女人會成為勇士。
男子守財，一毛不拔，唯女人可使他解囊捐款。
逆子不孝，女人可使他成孝子。
浪子不回頭，女人可使他懸崖勒馬，回頭是岸。
有的男人什麼都要，有了女人就什麼都不要了。
看來，男人有時也很「絕」。

男人的剋星

男人是這樣的，他一怒可安天下亂天下；他有力的手刀可以劈斷磚頭，但只要女人一根髮絲，就叫他「剪不斷，理還亂」。變成一個無能的男子。

有百戰英雄，能力挽狂瀾，卻抵不過女人玉指一雙。

有鐵面無私，女人回眸一笑，就溶解掉所有威嚴。

能制服兇惡男人的，只有他的愛人。

能制服驕傲自大男子的，只有他女朋友。

浪子最怕的一件事，就是面對他的老母親。

難怪自古就有不愛江山只愛女人的男人，現在也有不少只要女人不要事業前途，不要家庭兒女的漢子。

女人，誠然是男人天生的剋星。

男人理想中的女人

是一株柳、柳眉、柳腰、柳眼、才華比如柳絮才。
松操柏節的婦德，歲寒不改其蒼翠。
時代已進步，有時不必堅持「柏舟」之節。
不鬧桃色新聞，不水性楊花，不閨薄汙漫或行為不檢。
牀上的她又像一朵含苞待放的玫瑰，香氣濃郁迷人。
芙蓉出水的氣質，容態蔽月羞花。
蘋果的臉，青蔥玉指，櫻桃小嘴，百合肌膚，多美！
經濟不景氣時，荊釵布裙，節儉持家，以此教養子女。
是一種好茶，其色其味高雅講究，啜飲品賞皆可。
是一株好蘭花，遍體生香，芳潔聰明。
看來男人想要的女人，古來沒什麼太大改變。

男人不在戀愛時

男人雖然事業第一，但心中不能沒有女人。

當男人在戀愛時可以把時間、金錢、精神、體力四項要素投注在女人身上，全力追，不到手絕不輕言中止。

不再戀愛（得手或失戀）時，再將這四種資本移注事業。戀愛過後是男人集中意志搞事業，研究發展，廣交朋友以建立良好人際關係的時機。狂熱時愛女人，冷靜下來闖天下。這是男人一生最重要的兩部份工作。

時間是男人第二生命，要仔細盤算，否則很難在短短數十青春歲月裡，得到女人芳心，又建立起事業王國。

男人的一生不能光要事業，不要女人。一個只有事業沒有女人的世界，是黑暗寂寞的。

有一種男人……

有一種男人，對女人總是又愛又恨。

愛她，是因為她具備了我愛的條件。

恨她，恨她不是完美，恨她不是「一品」的水準。

我愛我的太太，愛她生兒育女，終年辛勞，為家庭犧牲了大部份青春和遊樂，都快成了黃臉婆，很叫我心痛。

我恨她，恨她沒有十全十美，恨她沒有多體貼一些，恨她愛和長輩計較長短，恨她有時候頑固不靈。

恨她，為什麼我苦苦哀求，還不能放心「給我」。

恨她，為什麼婚前答應「給我」，陷我於不義乎。

當男人愛女人愛的死去活來的時候，又同時恨她恨的牙癢癢，這真是一種最有情調，最有味道的感情。

男人想要什麼？

婚前有性經驗，提高他在同事中的聲望地位，結婚初夜才能順利過關，不致在嬌妻前面丟臉，有失大丈夫本色。

結婚時都要找原封未動，完整如初的處女，否則不要。

都想以最快速度功成名就，當大老闆董事長。

都想自己老婆漂亮美麗，還有兩三個女人讓他玩。

希望以最快的速度，擁有最多財富，養女人是很花錢的。

希望太太能滿足他的需要，希望太太永不紅杏出牆。

希望太太青春永駐，永遠不會變老，不變舊。

希望家庭平安、正常、幸福美滿，人人健康。

希望兒女都要成材；後浪推前浪，一浪比一浪高。

想與太太白頭偕老，百年好合，生生世世做夫妻。

誰是大丈夫？

像成龍、李連杰、黃飛鴻那樣有氣節的人是大丈夫。少管家務小事，對女生也有辦法的人也算大丈夫。像文天祥、岳飛，或林覺民等烈士，都是大丈夫。能齊家治國的是大丈夫，出家弘揚佛法更是大丈夫。

總而言之，能立志做一番事業，能有利於國家民族社會者，便是大丈夫，而不管這「事業」有多大或多小。有個大陸來台老兵，很早退伍後，立志當清道夫，每天只收拾破爛，換錢買很多經典書籍送各校的圖書館，後來他住的地方書太多了，也變成一個圖書館。如此持續五十年，老兵並未成家，死後政府把他住的地方整理成「紀念圖書館」，這位老兵就是王貫英先生，真大丈夫也。

「王貫英紀念圖書館」（台北市汀洲路上），古代有武訓行乞興學，現代亦有王貫英清道夫興學。可見職業無貴賤，但要把「職業」做成「事業」，唯大丈夫能之。

男人也喜歡新鮮

女人喜歡在服飾粧扮上力求新潮流行，表現她的多姿。

男人則喜歡在女人上面講究刺激新鮮，享受花香野味。

當男人愛上女人，往往又會逃避這個女人，設法找到更新鮮可口的獵物；追逐女人是男人的一種快感。

婚後的女人能固守她建立的基業，直到她老死為止；而男人對這個千辛萬苦才追到手的女人，就漸漸減低他的味口，開始向外推展。到花甲之年還是喜愛細嚼嫩草芳味。

女人呢？她愛了一個男人之後，便死拼活拼地把他拴在自己腳上，不給別的女人有乘隙而入的機會。

男人換一個女人比女人換一件衣服還容易。

男人換女人有時候只是眩耀他的財力、能力而已。

好男人立什麼志？

立志白手成家，勤勞苦幹，創一番天下。
立志不打父母財產的主意，一切由自己雙手來。
立志這一輩子不打太太，不欺侮女人。
立志好好教育下一代，叫他不要幹錯行，比爸爸強。
立志做一個好丈夫，不在外面胡作非為。
立志做好國民，不作奸犯科，不給警察找麻煩。
立志向學，以後好為最多人服務。
立志賺大錢，凡遇到窮人都要加以接濟相助。
立志不染上吃喝嫖賭的惡習。
立志這一輩子不能栽倒在女人身上。
男人生存於世間，要立志做一個頂天立地的大丈夫。

第三輯

婚姻愛情與兩性關係

吸引對方的「方法」

兩性之間用方法吸引對方是很自然的事，其他物種生物皆然。只是人類更會用方法，尤其男人想追求心愛的「理想女人」，更是想盡方法，男人常用不外：

笑臉攻勢，如星拱月，大獻慇懃。

金錢攻勢，美服皮裘、鑽石手飾、情人節「大餐」，大把鈔票「炸」下去，女人鮮有不動心歸順的。

另外有用英俊瀟灑、崇高理想、地位、文品、家世都有吸引力；老實可靠、勤勞苦幹、誠意感動，也都能獲取芳心。

女人用來吸引男人的方法，含蓄的多，傳統上不外溫柔體貼的行為表現，服裝香水的引誘，再主動些做點小表示，眼神的暗示，就一定能「吸住」男人。故有所謂「男追女隔層山，女追男隔層紙」。

方法大家都在用，關鍵在你是否看的很清楚？看清方法背後的動機？及你是否願意接受，或「跳進去」？

假如……很幸福

假如愛情恆久，那「感覺」始終都存在。

假如信任感始終無疑，沒有任何各種安全顧慮。

假如倆口子都不爭主權、政權或財產權。

假如婆家娘家都通情達理，且互有往來，相交甚歡。

假如房事始終交融一體，如魚得水，甜甜蜜蜜。

假如能夠共貧困患難，又能共享榮華富貴。

假如親子關係都自然和諧，能閒話家常，其樂融融。

假如能富貴長壽，人生有很多創作和創造。

假如能結交各方志同道合之友，共創春秋大業。

假如對國家民族社會有些貢獻，或至少無虧。

假如最後能無疾而終。

假如能明心見性、見性成佛，永脫六道輪迴之苦。

人總希望好能愈好，幸福能更幸福，圓滿能更圓滿，讓我們一起努力，大家來驗証這些「假如」。

到底你是實証了這些假如，還是推翻了這些假如？

現代婚姻——小家庭也快解體了

人類社會美其名曰「民主、開放」，但代價是傳統家族倫理和道德的崩解，現在連小家庭制度也快解體了。還想維持一個勉強的小康局面的人，請注意：

家庭生活不能過於論「理」，否則將造成「公說公有理、婆說婆有理」，而世間並不存在有完全共識之理。

家庭生活也不能太講「法」，因為家庭並不是施展權力的地方，夫妻到了要以法規範，已是末路。

家庭生活是講「情」「愛」的地方，夫妻當久了，情愛可以淡，卻不能斷或無，情愛沒了，法理也不能維持。

有個朋友講一則真實的笑話，男人到四十沒有外遇要看心理醫生，五十沒有外遇要看精神醫生，六十沒有外遇要看泌尿科醫生。據說，女人也差不多。

這麼說，現代婚姻真的解體了，是不是將要形成一種新的婚姻制度。當代的男人女人們，要有心理準備。

星雲大師談已婚男女相處之道

即然已經結婚，則生米已成熟飯，雙方必須共同經營一個溫馨的家。但面對現代社會，男女接觸機會大增，日久就發展成婚外情，為避免問題產生，必須注意：

夫妻以外不要有「一對一」的異性獨處。

舉止莊重，勿擠眉弄眼，引人遐思。

不打情罵俏或開玩笑，易造成得寸進尺。

不宜竊竊私語，凡事公開交談。

不共金錢往來，惟困難時幫助，無可厚非。

不要私下禮物相贈，以免引起誤會。

不要談論家私，以免日久生情有私密往來。

這是星雲大師提供已婚男女相處之道，若能完全遵守，發生婚外情的機率幾可歸零。

但這個標準大概只有「宗教團體」做的到，吾等凡夫唉！

胎教

懷孕人要十分注意胎教，並非危言聳聽：

少動怒使胸中無暴戾之氣，有助胎兒健康成長。

多在野外散步，接近大自然，培養寧靜致遠的內涵。

舞廳、咖啡廳、電影院等雜鬧之地不要去。

靡靡知音，狂暴之樂不要聽，多欣賞優美柔和的歌曲。

房事要小心，能免則免，不必強求。

不隨便亂吃藥。

凡生活之體驗感受，宜神往真善美之意境；因為感受到善意，其子必趨於善，感受到惡意，其子必趨於惡。

故顏氏家訓曰：「古者聖王有胎教之法，懷子三月，出居別宮，目不邪視，耳不妄聽，音聲滋味，以禮節之。」

世界風情畫

美國男人服務精神最佳，女人最大方活潑。
英國男人最有紳士風度，女人最高貴端莊。
日本男人最糟糕齷齪，女人最體貼溫柔。
香港女人為貴，男人次之，老女人為輕。
阿拉伯世界中的女人被視為卑微的，她們地位次於男人、武器、駱駝，而居第四位。真是可憐啊！
世界上有最高地位的是以色列女兵，她有和旅長相等的權利和義務。因為女人地位高，他們向來打勝仗。
社會主義國家的女人和男人平等，一樣勞動、開會、檢討。
咱們美麗寶島上的男人，下班了就知道看報紙翹二郎腿，所以女人逐漸「內外兩忙」，是咱們男人要反省了。

瞭解一個女人要多少時間？

事實上，這個問題也適用於男人。我發現現代人都很難了解，甚至無從理解。

我有一女性友人，向我抱怨：「嫁給他三十年了，不知道他肚子想什麼？」言下之意，有同牀異夢的落寞。

我沒有直接回答女性友人問題，因為我認識她的「他」四十年了，也不知道他肚子想什麼？我改個話題說：

「老爹老娘還好吧？」

她答：「老樣子，各過各的活，誰也不管誰！」

老朋友了，我清楚她上一代的一些事情。我「乘機」進攻說：「他們結婚五十多年了還不能相互了解，妳當人家女兒也五十多年了，妳了解父母心中想什麼嗎？」

她笑笑，說：「知道一些吧！但也不很清楚。」

了解一個人多麼困難，了解女人尤其難上加難。每一個人都活在一個「屬於自己的世界」，所謂「一花一宇宙」。但這個天大的難題也有破解之道：「誠心」

生活情調

飯後一根煙，快樂似神仙。
洗完澡在牀上摳香港腳，看電視。
晚上起來小解，欣賞女人深睡，偷吻枕邊人。
晚餐後陪太太到校園散步，在月影下擁吻。
過馬路扶女友腰肢而行之；帶女友看恐怖電影。
買一本「花花公子」，夫妻共同研究，臨場實驗。
弄幾卷成人錄影帶回來，在房間與太太欣賞。
太太漂亮，女兒可愛，其樂融融。
下班回家，小女端茶，小兒拿拖鞋，太太正在做好菜。
家裡沒有其他人在時，偷偷從後面「偷襲」太太。
男人和女人結婚後，有幸有不幸！何以言？愛有了結果是為幸；從此兩人共度無趣的日子，是為一生之不幸，為減低不幸的程度，使生活能過得去，培養一些情調是必需的。

說婚姻

為戀愛而結婚，家庭溫馨可能「當」了一半。
為性需求的方便而結婚，你是冷酷無情的禽獸。
為財富而結婚，你是沒有自由的奴隸。
為免於寂寞而結婚，你們是形式上虛有其表的夫妻。
為了生活下去，免於飢餓而結婚，真是教人同情。
為升官而結婚，妻子也不過是墊腳石，說來可憐。
為欣賞她的美麗柔情而結婚，你已失去智慧。
為父母之命，或免於得罪人而結婚，犧牲也未必是福。
為同情她的身世而結婚，你是她的恩人不是丈夫。
為年齡而結婚，只是為維護自尊而完成的一項工作。
為結婚而結婚，他們可能對異性都不感興趣。

愛情相對論

男女愛情如君臣，君臣以義結合，男女因愛結連理。

男視女如手足，則女視男如腹心。

男視女如犬馬，則女視男如路人。

男視女如土芥，則女視男如寇仇。

夫視妻如寶貝，則妻視夫如心肝。

夫視妻如下女，則妻視夫如流氓。

夫視妻如皇后，則妻視夫如皇上。

夫視妻如老虎，則妻視夫如綿羊。

夫視妻如妻子，則妻視夫如丈夫。

男友視女友如俘虜，女友必視男友如敵人。

世界上的事都是相對的，愛情、親情、友情都不例外。

兩性之間

如果男人是一枝鋒利的矛，可以刺得穿最堅固的盾；女人就是一塊硬韌的盾，可以擋得住最尖銳得矛。

如果女人是公輸般，有九設攻城之機變；男人就是墨翟，能解帶為城，以牒為械，九破之而有餘。

若男人是孫悟空，會七十二變化；女人就是如來佛，叫男人永遠翻不出手掌心，隨時控制他。

兩性之間各有其致命處，亦各有其神通廣大的地方。如何才能得到對方的全部，是機變運用的問題。

想要永浴愛河，幸福美滿，對兩性之間先天的優缺點，要刻意冷靜去理解；凡事只要瞭解了，諒解了，也就沒什麼。

願

願做妻子的順從自己丈夫，勿爭強好勝。
願做丈夫的愛惜自己妻子，勿憤怒急燥。
願已婚男女要對另一半，對家庭，對兒女負責。
願將婚的情人們要堅持立場，達成願望，愛到底。
願夫妻不要爭錢奪權，應相敬如賓，舉案齊眉。願夫妻能同甘苦共犯難，亦能同享榮華富貴。
願加夜班的女職員和夜校女生歸途不會提心吊膽。
願女子二十八才嫁，男子三十成婚，生兒女兩人可也。
願女人恪守婦道，勿寡廉鮮恥。
願男人愛情專一，勿把女人當玩物。
願天下有情人都成眷屬。

不正常的婚姻

一個梨子要好吃，就必須經過適當時間灌溉、培養，讓它自然成熟。愛情也一樣，閃電認識結婚的人，其婚後常會滋生許多難以治療的疙瘩，因為他們都沒有成熟。就像一個打藥水針才急速發紅的西瓜，難吃死了。

初識不久的男女總急著走向婚姻這一站，他們正大步邁向錯誤的第一步。時間是栽培甜蜜愛情的水。

我認為同居、指腹為婚、憑媒成婚、試婚、都是病態婚姻，分居是婚姻生活有了病，離婚是愛情最大的悲劇。

從友情走到愛情最好能有一年時間，從愛情到訂婚最好也能有一年時間，從訂婚到結婚最好有半年光景，婚後兩至三年生子，相信這是最保險幸福的婚姻。

婚前婚後不同

婚前是這樣的：

一把吉他，兩顆紅心，走遍海邊山崗，沒有煩惱。

寒假暑假結伴旅行，雙宿雙飛，沒有金錢壓力。

情人道散步，咖啡廳談心，逛書局買書，多麼愜意。

想要怎麼辦就怎麼辦，向無後顧之憂。

要聚就聚，要散就散，分合自由，來去自如。

婚後是這樣的：

買菜、做菜、客人來；水電費、房租費，朋友結婚了。

想去旅行或陽明山住兩日嘛！這個月要透支了。

想去看場電影，雅座談情嘛！孩子吵又鬧，丟不開。

反正做什麼，去那裡都有顧慮。人在江湖，心不由己。

愛情文憑的頒發

失戀一次，你在愛情這門功課已取得國小文憑。
失戀兩次，算是國中畢業。
失戀三次，你已取得高中畢業證書。
失戀四次，是大學生；在情場上應有極豐富的經驗。
失戀五次，你不是笨瓜就是頑固不靈。
被女人甩過一次，是因為沒有經驗所致。
被女人甩過兩次，是不懂運用前車之鑑，可能笨一點。
被女人甩了三次以上，你是一個沒有用的男人。
一生沒有離過婚的男人是好丈夫或愛情侍從。
離過兩次婚的男人，除了算倒霉外，他要徹底反省。
離過三次婚以上的男人，絕非好人，至少是死硬派。

愛情的發生

世上之事均可創造，唯獨戀愛是偶然的發生。

愛情無法事先安排，她來了就追得你天上人間無處躲。

桃花運不走，踏破鐵鞋也尋不到芳草一株。

莎士比亞說：「戀愛是偶然的機運，有人被愛情射中，有自己跌進愛神所設的網羅，」

愛情是天上的浮雲，愜意而漂泊不定。飄過時就要抓住。

愛情的發生是偶然的。像張生和崔鶯鶯一樣，夜半琴音就挑起他們的戀情，把兩個單純無邪的青年，都捲進愛情網羅裡。朋友！營火會中高歌一曲，愛情就可能發生。

愛情是一隻小鳥，握緊了悶死，放鬆會飛走。不過你可以選個方向張開網，愛情也有可能發生。

懂得愛情的人

英國有一個桂冠詩人說：「深懂愛情的人，說得最少，愛得最多。」換言之，說得最多的人，最不懂愛情。

宣傳家、演說家、佈道家、老師等最不懂愛情。

木訥、沉默的人和啞吧，是愛情的隨從，深懂愛情。

而一般芸芸眾生，社會大眾的人都似懂非懂。

美國人天天把「我愛妳」三個字掛在嘴上，吻前吻後非要交待一聲：「我愛妳」。他們的男女問題最嚴重，離婚率也最高。為什麼？他們的愛只是廣告或禮節。

咱們中國人兩夫妻可能一輩子沒有說過愛字，但他們相敬如賓，夫唱婦隨，如得水之魚，到白頭偕老。

愛情是行動表現，靈魂交融；不是演講題材。

閃電愛情的始末

少數青年男女所謂「一見鐘情」是這樣的：
第一週君子淑女相見認識，雙方表現翩翩風采。
第二週熟人見面，「勾肩搭背」在黃昏夕陽下。
第三週咖啡美酒，使情侶入醉，夢語連連。
第四週帶回家和父母親吵一架，都不歡而散。
第五週，曖啊！不得了！她已破身，非他不嫁。
第六週老爸老媽情非得以，只好張燈結彩辦起喜事。
第七週吵架打架，諷刺挖苦，互挑瘡疤，互罵無恥。
第八週法庭離婚，海誓山盟不過是穿過的破鞋。
愛情就是這樣。愛她時是連缺點也包含了，討厭她就連優點也成了缺點。

詩人的愛情

詩人是來自「愛情學府」的高材生，他們最懂得愛情真諦；他們是智慧動物中最知情、用情之代表。

詩人視愛情遠勝自己生命，為愛情而生，為愛情而死。

人類社會中以詩人最能獲得女人的信任和垂青。

詩人最瞭解女人，他們的戀愛也經常失敗。

詩人往往不只愛一個女人，而同時愛幾個女人。

詩人失戀後，卻得到了愛，而失去女人。

詩人眼中的女人就是詩，詩就是愛，詩也是女人。

詩人的詩中有愛，愛中有詩，詩愛同一體。

女人是詩人生命之泉湧，愛情使詩人的詩興不斷；詩人終其一生寫的是女人，歌頌的是愛情。

情場上的兩道火線

在情場上有兩道堅韌難攻的火線，最不易突破：

當你開始追一個女人，只要你敢，只要你快，咬住那鮮豔紅潤的雙唇，飲幾口紅寶石杯中的甘露。算成功四成。

最難的是第二線，當你和她在閨房苦戰時，要有魔鬼的毒、壯士的勇、情人的愛、狙擊手的狠準，合成一股大丈夫的力，才能降伏尤物，她一生死心塌地都愛你

女人是一種很怪的物種，你把她弄得肉破血流，沒有一處完整，她說你是大英雄。你對她惜玉憐香，輕手輕腳或縮頭縮尾，她鐵定說你是笨牛死豬，不懂得女人心。

有些男人體壯如牛，他就是「不行」，女人不欣賞。

使用金錢可使女人暫時喜歡你，很難叫她終身愛你。

千變萬化的愛情

愛情這玩意像條變形蟲，因人而異，呈現的表徵也奇型怪狀。愛情沒有固定形態和意識，像詩意的境界，似夢幻的朦朧，像少女的純真，像小兒之稚情。

愛情會隨天時、地利、人和而變化。

師者，專司傳道、授業、解惑之人。但當師生戀發生的時候，此惑亦難解。誰都不敢說對愛情有十成把握。

愛情是一隻海上航行的船，老船長也不見得穩健。隨時都會碰到狂飆飛起的颶風，或劇變發生的氣流而翻船。

愛情也像高山氣候，氣象台也未必測得準，隨時會碰上雪虎風饕，凍斃在寒窖深谷中。大多數的人都是愛情的僕從，能當愛情主人的並不多見，它是雲譎波詭的東西。

愛情的特性

大凡「愛情」皆有下列特性：
都不許對方再接受異性的「自私性」。
適量吃醋的「嫉妬性」。
雙方都已經認為你是我的人的「佔有性」。
強烈不願他人加入的「排斥性」。
自命不凡的「超然性」。
心甘情願，都把全部給了對方的「歸屬性」。
必要時不惜犧牲性命或不惜一戰的「犧牲性」。
都深信對方絕不變心，絕不明張暗李的「可靠性」。
不隨便遺棄對方，終身負責的「責任性」。
雙方在生活上具有讓與或給與的「寬大為懷性」。

愛情不能被管制

儘管毛澤東曾說：家庭是溫情主義的包袱。

儘管秦始皇統治所有文人書生與老百姓。

儘管希特勒要管制婚姻，「品種改良」。

儘管黑魯雪夫等人要掌握男人和女人的感情。

男女之間的愛情依然存在，男人還是愛女人，女人也愛男人。時空流轉，滄海桑田，唯一能永遠存在的是愛情。

愛情是不能管制的東西，讓她們自然成長萌芽結果，不要異想天開，要壓制或掌握這股自然界洪大的勢力。

君不見當媽媽的常設法要把女兒嫁給張家的大公子，小女兒偏偏愛上一個窮公務員；或要把寶貝兒子非娶陳家掌上明珠不可，他小子硬是愛上一個病房裡的護士。

夫妻溝通大法

夫妻來自兩個不同環境背景，突然結合在一起，有許多地方還格格不入，所以要注重科學的溝通交流方法。

初步單向溝通：把自己的思想觀念加以解釋和說明，或引申加以陳述，使對方瞭解你的來源和構思基礎。

接著雙向溝通：用茶餘閒聊去發現雙方見解與感受之異同，尋求認同、妥協，共同捐棄成見，追求幸福。

還有問題的地方拿出來討論，誰不合情理誰就認輸，才能平息爭論，相互接納建言，千萬不要頑固不靈。

對討論不出結果的問題，要休戰兩天，冷靜思考，找學理依據，在面對面辯證，誰輸誰就要服氣。千萬不要為維護自尊或拉不下面子強辯。如兩不相讓，就吵一架好了。

夫妻間更高境界的溝通

夫妻之間除了上述溝通大法外，還要從許多方面提高溝通藝術。用眼睛做到靈魂溝通，用各種發聲做到音響氣息的溝通，用默契做到想法的溝通。

從生活上的細微末節，深入觀察個性，以溝通脾氣。

從嗅覺、味覺、視覺、觸覺等各種感受上的溝通，做到精神心靈的兩相印合，知妳莫如他，知他莫如妳。

從房事的喜好與能力之通，做「要不要」的前題。

拉近彼此的人生觀，有助攜手合作，共享酸甜苦辣。

如果兩口子因工作環境各居一方，要勤寫家書，耐心期盼，以補離距之缺陷。夫妻之間沒有良好溝通，勢必經常吵架爭奪，輕者同床異夢，重者妻離子散。太不划算了。

誰是一家之主？

「男人是一家之主」是一種最糟糕的觀念，就像是集權政治，集立法、司法、行政於中央，現在落伍了。

每個人都是家庭的主人才是最科學的組織。什麼時候誰的主意最好，他就是主人，其他人都是協助者或執行者。

買房子，投資生意等，由男人做主。太太當幕後助理。

買玩具由小孩子做主人，父母去執行選購。

買家電用品室內陳設等由太太做主，先生負責跑腿。

菜錢支用，做菜酸甜由太太做主，男人萬勿東挑西挑。

做愛時心情好壞為主，人爽就多來，不爽就少來。

何者先生為主，何者太太為主，最好也由女人決定。

有些成天吵吵鬧鬧的家庭，就是爭著做主人的後果。

說愛情

愛情如水，可載舟，可覆舟。
愛情如火，可焚城，可發電。
愛情可以叫人自私，可以叫人大公無私。
愛情能叫人貪生，能叫人犧牲。
愛情可使君成小人，可使君成偉人。
愛情能使你成仁者，可使你成暴君。
愛情可使君成孝子，可使君成逆子。
愛情能叫人改邪歸正，能叫人改正歸邪。
愛情能叫人珍惜生命，能叫人投河自盡。
愛情能使你入世為俗人，可使你出世為出家人。
愛情可使君成叛逆，可使君成英雄。端賴如何視之。

婚姻何義？

有人答：「就像抽煙，不會的想學，會了才知道根本不鹹不甜，又已上癮，戒都戒不掉」。

蕭伯納則說：「就像加入一個神秘組織，沒有進去不知道，進了又要保守秘密，故無從說起」。

我想婚姻就像吃甘蔗，有人越吃越甜，漸入佳境；有人越吃越淡，最後簡直毫無情調。也有人吃斷了牙齒。

有時候婚姻像吃口香糖，不久就想把它吐掉。

有時候婚姻像在賭博，初期贏一點，慢慢的輸，終於不能自拔。婚姻和贏錢有相同的吸引力，人皆好之。

有時候婚姻好像喝酒，開始很舒服，如不斷的喝就會醉的不醒人事。反正親自體驗一次，便冷暖自知。

婚前婚後

未婚時，我希望愛情生活盡快結束，婚姻生活火速趕到，做一對人間最快樂幸福的夫妻。

婚後，我希望婚姻生活的氣氛盡量淡薄，愛情生活的甜蜜濃艷重現，做一對雙宿雙飛，無憂無慮的情侶。

許多人結婚後就脫離愛情生活，天天在現實社會中打滾川流。在外面拼命工作賺錢，交際應酬；回家不是家事就是孩子，弄得人和球一樣，沒有一刻休閒時間。

結婚後要能保有婚前情侶生活的情調，使生活甜蜜簡潔而不繁雜紊亂，否則日子過起來會像一隻沒頭蒼蠅或一部趕工機器，不久就倒下去。

最幸福的夫婦

還沒結婚，小倆口就開始行婚姻生活，盡夫婦義務。只是不生小孩——暫時響應政府的人口計劃。結過婚，你們就忘記曾經結婚，開始花前月下那種情侶的甜蜜生活，不受庸雜俗累影響。

丈夫工作順利安定，太太不須操勞奔波或拋頭露面。

有兩個可愛的小寶貝，倆口子天天吃開心果。

有一棟小洋房，夫勤婦儉，吃穿不愁。

能從十八歲相愛到八十歲。

沒有三教九流或三姑六婆的人來插手家務事。

現代幸福的夫妻愈來愈少了，因為計較太多，「權」和「錢」都各有所爭。上一代的女人不須辛苦就業，不會「蠟燭兩頭燒」，沒有權和錢的論戰，她們最幸福。

愛情像什麼？

愛情像在丟骰子，有人可以靠經驗多贏一些，但最後收支相抵，必然有贏家也有輸家。

愛情像參加長跑，你雖有信心跑到終點，但中途也可能體力不支或發生意外而昏倒。

愛情像參加大專聯考，有錄取的，有落榜的；也有拒絕聯考的小子，他一生都駐留在愛情之門外。

愛情像登山，有攀登時的苦處，也有征服頂峯的快感。

愛情像參加野營訓練，誤入的陷阱越多，越能吸取珍貴經驗，畢業後就不易再品嘗失敗的苦果。

愛情像吹氣球，可以一秒鐘內吹出五彩繽紛的景象，但這個美麗的夢隨時會破滅，或飄離你很遠。

結婚壓力等於死亡的二分之一

現代社會到處都有壓力，任何工作、任何人都有壓力。據「荷瑞氏壓力量表」（Holmes-Rahe Scale of Stress Ratings），配偶死亡的壓力值是100，結婚是50，搬家是20，懷孕是40，性功能障礙是39，離婚是73。

由量表可知，結婚雖是喜事，但壓力之大，等於死亡的二分之一，而離婚則接近死亡。難怪現代社會大家都不敢結婚，解決之道，從紓壓開始：

培養自己對壓力存在有適度的警覺性。

練習多種放鬆身心的方法，如禪修、運動等。

養成樂觀的人生，得失勿太計較。

正常交友，樂於與人分享或付出。

有效管理自己時間，避免過勞。

總之，人生必然有壓力，至少死亡那一百的壓力值是人人要面對，結婚的五十壓力值則有選擇，你怎樣選？

幸福的公式

英國科學家用數學寫出幸福公式：

Felicidad（幸福指數）＝P＋（5×E）＋（3×N）

公式中：P代表人的性格、人生觀、適應力、耐力。

E代表健康、財富、友誼的穩定程度。

N代表人的自我評價、期望、性情、欲望。

這個公式能否評量出真正幸福的「感覺」，可能因人而異，甚至永遠沒有答案。例如，有一個女人（已婚），公式中所有的變項都是正面的，惟先生有了外遇，就目前常情論述，這真是不幸啊！公式也不能解釋她形成不幸的原因。

公式雖不能正確界定幸福，但擁有公式中各變項的正面條件，仍有助於追求「某種程度的幸福」。例如，妳有健康、財富和友誼，何必管他搞外遇？

如何解決外遇？「雙重承認」嗎？

外遇現象日愈普遍（兩性皆然），即然是資本主義社會發展的結果，也就是現代社會發展的必然趨勢，歷史的必然走向。我們便不能以傳統倫理道德的標準，來批判普遍流行的外遇現象，原因是：

普遍性代表一種理論的形成，具有合法性。

傳統婚姻成為現代人追求幸福快樂的阻礙。

外遇關係有助維持資本主義中高生產力的勞動要求。

以上論述也許太過「先進」，但這確實是英國倫敦政經學院社會研究所的部份觀點。解決外遇之道，只有打開「多樣的愛情倫理/關係」，多樣的伴侶關係及愛情倫理已經普遍流行，被許多人實踐。提高這種「雙重承認」的接受度，才是務實的做法。

換言之，老婆要接受老公的情婦，兩女共享一夫；反之，先生也要接受太太的客兄，兩男共享一女。這有可能嗎？走著瞧吧！

婚姻以外的「解套」辦法

現代社會不婚族增加，重要原因可能是不想負責、不想被套牢，想要最大的自由。若然，可以有許多彈性辦法，為你（妳）的擔心解套。

同居，講好隨時可以「無條件走人」。
試婚，有結婚的企圖，但要先試。
有條件結婚，如不生、住不同地方或分牀等。
「功能」導向同居，只為解決性的安全問題。
階段性同居或結婚，如講好滿五年分手。
只要兒女，不要男人和婚姻，殷琪模式即是。
出租，目前正流行的商品，夫、妻、情人都能租。
雙方都同意行「一夫多妻、一妻多夫」。
雙方都同意自由參加「換妻、換夫」俱樂部。

自由婚姻，雙方講好，雖結婚，但可隨時離婚。

最差的是以上都不是，隨興與人雜交。當然，乾脆「禁慾」（如出家），一生不享魚水之歡，徹底解套了。

曠男怨女的好消息：情人出租

現代社會曠男怨女愈來愈多，尤其到了情人節，許多人孤獨難熬。於是一種新行業出現，「情人出租」，不管租「男朋友」或「女朋友」都有，且生意火紅，從歐美流行到日本，又流行到大陸，不久會流行到台灣，目前的出租價目行情如下（人民幣）：

陪聊天：三十元／小時。
陪逛街：廿五元／小時。
陪吃飯：十元／小時（雇主請客）。
陪看電影：二十元／小時（不看鬼片）。
陪去聚會：三十元／小時（危險地方不去）。
拉手：二元／次（十元／全天）。
擁抱：二元／次（二十元／全天）
接吻：五元／次（五十元／全天）

據說女性想租「男朋友」的比率高於男性，有的「出租男」或「出租女」行情太好，還有挑對象的權利。

機運不同

婚前女人是皇后，她的嘮叨要當金玉良言聽，她交代的事不可打折扣，務必「以服從為榮耀」。

婚後女人是下女兼僕人。專事洗衣煮飯照料小孩，侍候丈夫吃穿睡用，聽候先生使喚，要以勤勞為美德。

婚前男人是侍從，隨時準備護花，不可怠慢職責。

婚後男人是國王，只等吃飯和伸手拿茶，晚上隨時可以夜夜春宵。女人無不溫柔體貼的侍候著。

女人小時候是爸爸的掌上明珠，戀愛時是男朋友的心肝寶貝，等她出嫁生了小孩就不值幾何。

所以說人的機運不同，失意時要積極創造得意，得意時勿忘失意日，生活必定很痛快。

第四輯

性與愛

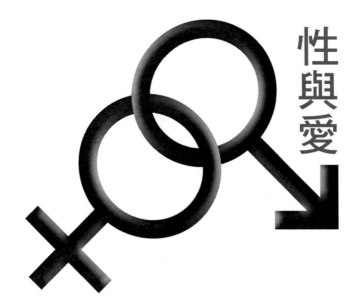

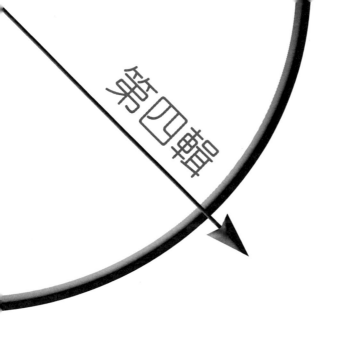

性愛之學

幾乎所有的人，特別是男人，都在思索這門學問。這是一門原始的知識，隨著現代化進步和多元，這門學問也顯得多樣性。

從方法上講，性愛是科學，宜把握科學流程。

從感情上講，性愛是愛學，愛做就做，隨情隨性。

從管理學上講，性愛是兵學，不依兵法難以致勝。

從藝術上講，性愛是美學，人生美之上乘在此。

從禪學來說，性愛之學是一種「頓悟」門道，不經這關「考驗」，許多人不知道「我是誰？」，不知道人生為何？所以，性愛也是一門「生涯管理學」。人生一切事業和自我實現的完成，和性愛有「絕對」關係，釋迦牟尼佛也得經這關「考驗」。

欲知人生真相，實即宇宙萬事真相，由性愛之學始，所以，哲學家和醫生說：「人的腦部才是真正的性器官」。人啊！現在清楚了嗎？

女人性愛曲線

女人一生的性慾，正如運動員，有固定的高低起伏。

從鄉運開始，三十歲以前可能雄居體壇，三十五歲就要收山當教練。少女自情竇初開，三十歲步進高潮，一路上打遍群雄，直至女人四十一枝花，五十如虎狼。往後如日西斜，逐漸削減她性慾衝動，到六十歲洽似靜止之湖水。其性生涯可謂短暫。

另一方面，女人的愛情生涯像作家一樣，堅深長久。

作家自初出茅廬，先是小報社的小品文。隨年華增長，經驗知識逐漸豐富，道行技巧也高了，終成為大作家。

女人愛苗由溫熱而火烈，脫化成堅深而柔韌；終其一生無時無刻不再戀愛，其愛情生涯可謂源遠而流長。

愛之火

她不認識他，他也不認識她。

她漫步在安靜的小溪旁，晚霞照著她嫣紅的臉；俯首、凝視、沉思；除了她自己，沒有人知道她在想些什麼事。

他沐浴在黃昏的微風中，他跑著去追趕太陽。突然，他發現了她，他把她望得出神，他以為仙女下凡了。

愛之火已點燃，雖然現在只是星星之火，不久就燎原。

你帶著吉他去流浪，你彈一支鄉音，唱一曲校園情歌；而她只是在旁邊欣賞你的感情，靜靜地，做她少女的夢。

愛之火亦已點起，燒著，馬上就不可收拾了。

愛情經常是這樣漫延開來。燒起這把火並不難，難的是如何讓火種不斷地燒八十年而不滅。

做愛的終身僕人

我願愛做我一生的主人，犧牲我的全部，服從她。
所有事業財產，股票地皮在她面前都一毛不值了。
所有幸福快樂，吃喝享受在她面前都被擱開不提了。
為她煮飯燒菜帶孩子，幫她洗三角褲奶罩洗澡。
早晨陪她散步，黃昏伴她臨晚風，晚上為她唱歌，夜來給她按摩捶背；任她要求滿足，隨侍在側，聽候使喚。
我所要的只是愛，嫁不嫁給我，結不結婚，都無所謂。
只要說一聲：「愛我」，我願當奴才、俘虜、舞男。
我願意奉她的愛做我的主人，信仰她，為她奉獻。
為她奔命，做愛的忠實信徒。
我不知道世界上還有什麼東西比愛情更偉大。

愛之勇士

正沐浴愛河中的男女個個都和敢死隊一樣神勇。
他們眼中所想，只是愛情，向不思考以後如何過活。
他們「頭可斷，血可留，命可不要」，情人不可被奪。
如果不能相愛一起，他們可以犧牲殉情。
有時候為了愛一個人，會背叛父母二十年養育之恩。
有時候為了所愛的人，也可以丟掉所有道德法統。
一個人如果要堅持他的愛情，家規國法都會成弱者。
愛一個人需要勇氣，堅持他的愛需要更大的勇氣。
所以愛情是非常事業，完成非常事業要用非常勇氣。
沉迷於愛河中的人，他們不是精神病，就是勇士。

男女接吻的感覺不同

吻，對男人而言，不論第幾次都是吻過就忘。

女人的吻，不管第幾次都印象深刻，引起長遠影響。

男人喜歡接吻時間越短越好，女人喜歡拖長一點。

男人喜歡狂熱深入的吻，女人喜歡淡雅慢弄的品賞。

男人一面吻一面在研究設計，女人都專心一志在吻。

男人一經接吻，性慾馬上提高；女人總不易挑起興奮。

男人看到女人鮮紅的櫻唇，就想起一親芳澤的滋味；女人看到男人的嘴唇，似乎沒有什麼感覺。

接吻在女人是一種藝術和滿足，在男人是戰術和橋樑。

接吻的初期都是男人主動，女人被動；中期以後都是女人主動，男人被動。末期是雙方都不想動。

愛之頌

愛情是：在自己的愛情價值觀念中去承認心上人的無價，把自己對愛情所領略到的真味射入心上人的味覺神經。

不論他是浪子，或官府一度緝拿的要犯，只要妳愛他，只要他在妳心上，就去承認他，把自己給他，就是愛。

不論先生的事業是成功或失敗，不管他的社會地位是榮是貶，別人對他的評價是高是低，妳都要同樣去關心他；不要因為事業垮了，感情濃度就淡了，這就是完美的愛。

不論她是什麼樣的女人，甚至是曾經賣淫的花女，只要他肯回頭是岸，你就可以愛她，她就可以做你的愛妻。

甚至婚後她不小心迷失自己，不論她願不願意回頭，你都要去愛她，甚且更加關心她，愛她，這就是愛。

勿愛太專

愛情是這樣的，你越是愛死她，她越不理你。所以想追到她，俘虜她整個人，就是不要太愛死她。愛的太瘋狂熱烈不能天長地久，要天長地久最好是平常淡雅。太廣泛的愛或過於專情的愛會有不良作用。

一個女人太過於愛她的男人，無形中在他的頸肩套上枷鎖，他不能隨心所欲施展才能；社會是染缸，事業是戰場，他被愛情綑綁起來，不是事業要垮臺，就是婚姻動搖。就好像大企業組織，用許多法令規章去限制，又要蓬勃發展，賺大錢，簡直是痴人前說夢——荒唐。

如果妳愛丈夫就不要天天看著他，讓他自由發展，在愛的領域裡，兩數之和不一定是較多數，可能等於少數。

愛妳入骨

愛，常叫人愛妳入骨，又恨妳入骨。
愛，常叫人想忘記妳，又忘不了妳。
愛妳，所以拒絕你，但又給了你。
愛你，愛到要吻遍你的全身，又想把你揍個半死。
愛妳，愛到想離開妳，又離不開妳。
愛你，愛到要嫁給你，又不想嫁給你。
愛妳，所以要騙妳，但又不忍心騙妳。
愛你，所以先你而死，不忍見你先我而死。
愛妳，所以毀了你，也毀了我自己。
愛妳，所以把妳讓給他，但我一生只愛妳一個人。
愛情是一種比共產主義還矛盾的東西。

愛，無所不在

不論是在撒克遜民族或匹克米族裡，愛都存在。
不論民主社會或共產集團，文明與原始，愛也存在。
不論上帝存在與否，愛都自然地存在。尤其在沒有上帝的極權鐵幕和沒有文明的原始部落裡，愛存在著更多。
在太保、流氓、死刑犯身上，監獄裡，常有偉大的愛。
在孤兒院、老人院、殘破的家庭裡，常有動人的愛。
在幸福家庭裡，處處時時都有愛的關懷。
牧童、農夫、少女、詩人、作家都是愛的化身。
牛、羊、馬、雞等非人類動物，牠表現的愛更純真。
七歲以下兒童的愛是人間最乾淨，最純潔無邪的愛。
愛，向來不受時間、空間、人為、環境而影響其存在。

愛就是愛

得到愛的代價是愛，愛的報酬是愛。
愛的對象是愛，愛的方法是愛。
愛的表現是愛，愛的目的是愛。
愛的條件是愛，愛的元素是愛。
愛也不必去計較，妳所得到的愛就是全部。
你犧牲了愛，卻享受到最豐富的愛。
愛就是一生都生效的諾言，不必寫保證書，不必簽名蓋章，甚至說都不需要說一聲；永銘於心，至死不滅。
愛就是愛，不要估價，不要拍賣，不要多用口舌去殺價，也不要談條件，更不要問他到底能給妳什麼。
想要得到幸福以及得不到幸福的朋友們！請照辦。

愛是一塊未知的領域

愛，無人能給予，從自己心田去尋找挖掘。

愛，無人能解釋，用自己經歷來詮釋。

愛，不必問父母親友，用自己觀感去肯定。

能不能愛，也不必求神問卦，只須問自己到底愛不愛。

愛是理想中的伊甸園，在地獄裡也有愛的光輝。

這塊未知的領域不能請佃農耕耘，不得求助耕隊代理播種除草，須親自料理耕種，才能得到甜美的果實。

愛是冬日的太陽，妳感受溫暖風光，但得不到全部。

事實上在這塊未知的領域裡，有人相愛了五十年，問他愛是什麼？為什麼愛？他也答不出來。我想太虛幻境中的「妙妙神仙和空空道人」亦未必知道的徹底。

愛是公平的

愛不是要你去命令另一半，而是允諾。

愛不是只要求對方為你幹事，你也要為她服務。

愛不是生產和結紮都是她的事，必要可行男性避孕。

愛不是她一定要幫你洗臭襪子；有時候也要幫她洗三角褲內衣，甚至幫她洗澡洗頭髮，也不會影響男人的尊嚴。

愛不是做愛時光顧自己快樂，還要給她製造高潮。

愛不是她負責帶孩子，做菜整理家務；你下班後也要幫忙擦地板，打掃庭院，照顧小孩，洗菜做菜等。

愛不是星期天顧著自己交際應酬，要多陪太太散步。

愛不是她始終在「下面」，有時候讓她到上面去。

總之，在愛的領域裡，一切公平，不能不付出而得到。

愛最難表現

掛在嘴上的愛不如寫在紙上的愛，寫在紙上的愛不如鑲在心上的愛，但是如何表現你的愛，真是個頭大的問題。

當你愛一個女孩子愛的要死，卻從來不敢在信上提出你對她忠誠的愛，或說一聲「我愛妳」，相聚時又沒有勇氣面對她求愛，女人還是不會愛你的。

男人為求表示愛意，送她鑽戒寶石，她鐵定罵你俗不可求；不送她嘛！她就會問你：「我和你一起這麼久，你給了我什麼東西？」，叫你百口莫辯。

如果你以為都快結婚了，晚上主動找她「要」，她說你打從心眼就沒安好心；有些女人開放前進，主動要「給你」，你以為非禮不敢接受，鐵被罵成木頭。愛真難表現。

欣賞家和色鬼之間

夜燈下，看女人卸粧，粉頸低垂，男人總會心跳加速。看鏡前的她，嫵媚嬌態，更壓不住內心那股衝動。當她回眸一笑，更覺一縷青絲，搖人魂魄。

男人看女人在廚房做菜的背影，哺乳愛兒的慈愛，彈鋼琴的端莊高雅，在客廳、牀前、花影下等各種神態，樣樣都叫男人心神不定，想入非非。

相同的女人，晚上一定比白天來的漂亮，看她沐浴更衣，看她著晨縷上牀，在懷裡流連，就像一朵傍晚的睡蓮。新月的眉，櫻桃的嘴，均勻安詳的呼吸，使人意亂情迷。

女人的百態在男人眼裡都能感受到「入木三分」，男人是女人先天安排的欣賞家，不然就是色鬼。

愛的表示

做愛的次數不必勉強，只要使她感到快樂舒服。

記住她的生日，送給她久已想要的東西。

利用一個特別的日子送給她一束鮮花，或訂一份她喜歡的雜誌，或利用一個晚上陪她上街買件漂亮的衣服。

偶爾幫她做餐或做些家事，讓她稍為獲得休息。

生孩子要在旁邊照顧，多請幾天假協助她處理雜務。

女人需要外表的華麗高貴，所以在經濟許可內買些好的服飾和化粧品送她，必然使她心花怒放，更加體貼。

出差多日不能回家時，要拍電報或寫信報平安，勿使妻子懸念。回來時勿忘帶個小禮物給她一個驚喜。

房事不要過度狂野粗暴，要稍微懂惜玉憐香的技巧。

性之因素

如果夫妻沒有性生活，簡直形同虛設。

性可使倆口子更恩愛美滿，也能使他們破碎離異。

性可使男人謀害妻子，使女人謀殺親夫，需善加運用。

男人看女人，從她的腿胸唇眼開始，這就是性。

男人初期追漂亮的女人，一定包含性的因素。

舉凡發生強姦、輪姦、姦殺等社會案件，最初都是一股對性莫名的衝動和誘惑，導致失去理智才幹的出來。

久別的情人、夫妻，他們的相思也包含性的需求。

兒子長到十四、五歲時，對媽媽那種凝視就是從年輕媽媽的臉上讀出有關性的知識和疑惑；女兒對爸爸的道理也相同。反正男人女人發生許多問題，都是性之因素。

未來的性保險實施辦法

道德沉倫的結果，任何東西都有人奪取假冒。所以新產品問市之前就要申請專利，不然有被佔據、盜用之可能。

性愛這個東西也逐漸氾濫，更需要安全保險。

新婚夫婦要申請「專利」，雙方終其一生在性愛方面，要取得對方使用專權，避免盜竊走私，最為保險。

有關方面要設立貞操保險公司，專門對已婚或訂婚男女做「品德保險與考核工作」，一定生意興隆。

最好男朋友、女朋友交往一段時間後，確定可以互託終身，就申請愛情專利，雙方可以多一層保障。

慈愛的父母們！為避免年輕的女兒誤入火坑與粉紅色陷阱，到國中三年級就要辦理愛情與貞潔保險，以策萬全。

「愛是給予」的程序

女人為對男友表示奉獻給予，要遵守下列程序：
先給他不理不睬，給他臉色。
其次給一些微笑或模棱兩可的承諾。
給悲歡離合或「千呼萬喚始出來」。
偶爾要給一點小小甜頭，以示恩惠。
看情形再給予知識學問，人格品德。
這時候可以放心給他物質金錢，再加以觀察考核。
最後可以給他靈魂肉體，聖潔的貞操。
甚至整個生命都可以交給他。
如果妳遵守這道程序，就大膽安心給他吧！絕對安全。如果妳自作聰明，不遵守步驟，就難免要人財兩失了。

性之聯想

愛是陰陽電流的接通，雷電交加，像地球末日來臨。

血管比江水激流，湍急澎湃，沒有東西可以使他中止。

像夏日登高山，汗流挾背，也有登上頂峰的快感。

全身肌肉都在地殼運動，局部已扭曲，火山將要爆發。

打樁機已把鋼柱擊入地層——最後孫悟空拔去定海針，天旋地轉，宇宙失去了重心。幾億年後世界歸入平靜。

龍虎相爭，鹿死誰手時難預料；餓虎撲羊才可憐呢！

男人好像是八百公尺衝刺，到終點就已經要昏倒。

女人好像是晨跑、慢跑，沒有固定終點，也沒有限制時間，她慢工出細活。當男人倒下不動時，她依然淇水淫淫，意猶未盡，是男人可憐之處。

性與愛

性與愛可共存，可分存，亦可說是同一件事。

得到肉體性慾的人，未必能得到女人的愛。

獲得愛的人，也未必嘗過性生活的滋味。

只給女人理想的愛，不讓她滿足魚水之歡的刺激；正如天公打雷不下雨，只騙得農夫一時歡愉。

只滿足她的肉慾，却從未愛過她，她是個可憐的女人。

有些女人被男人的謊言騙得如痴如醉，到頭來只得到其中之一，依然是望梅止渴，無濟於事。

性，看起來齷齪、骯髒、下流，不登大雅之堂。

愛，看起來神聖、超然、美麗，可光明正大談論。

其實必須雅俗共賞，如影隨形地合為一體才對。

性與愛情

性，是一種高等數學，可以用方程式分析。它是研究發展的體材，也是考試測驗的科目，不用功就考不好。

愛情，是一種靈感，不是固定裝配的機件。

愛情是一種領悟和覺醒，要透過自我追尋，用自己的方式去感受，才能找到真正屬於自己的愛情。

性也是一種經驗或實驗，必須以臨牀記錄來歸納綜合，才能找到滿意的解答。未曾做過的人，不夠資格談性。

完美動人的愛情，必有纏綣纏綿的性生活；

享受暴雨狂風的刺激快感，未必得到安全幸福的愛情。

愛情是形而上的藝術，性是形而下的工作。

同時得到兩者，等於得到幸福。

「性之交往」的好處

刺激女性荷爾蒙，使她更鮮豔體貼，更具有女人味。
消除緊張，心情放鬆，使人不會發脾氣。
兩人之間潤滑良好，磨擦係數減至最低。
兩人距離變成零，這時沒有代溝、偏見、異議、怨恨。
證明雙方在這方面的能力，也是就寢前的最佳消夜。
增進雙方感情，是走向更濃蜜愛情的必經管道。
是人類的一種治病秘方，可治許多疑難雜症。
夫妻倆，吵完架後的當晚來一次，立即和好如初。
是保持身心快活，充沛體力，智能正常的一種運動。
減胖是一種副產品。
當然，生個可愛的胖娃娃就是莫大好處。

偶感

戀愛是兩個人在愛情企業上開始合作經營。
開始的時候大家都在找投資人或合夥人，選擇人品。
之後開始魚雁往返，情話滿紙——辦理報名登記手續。
約會是雙方開始在會議桌上談判，草擬計劃。
一吻定情，終於談妥這項有紀念性的交易，蓋下印章。
性交是雙方開始從事生產。
生子是他們的產品，代代相傳都是同一系列貨品。
女兒出嫁——像賣出一批貨物，再也很難收回。
兒子結婚——是標回一批值錢的貨物，當然不會賠本。
白頭偕老是該公司的經營成功；吵架是機件故障，要暫停休息；離婚是公司倒閉大吉。

男女性慾之別

男人天生是「肉慾」的，喜歡「上」，樂於擺平女人。愈是親熱刺激，性慾愈是不能控制，總要得寸進尺。

女人本屬情愛的，本質並不太喜歡「棒球運動」，只要某些親熱體貼的愛撫，她就認為是愛，男人則嫌不足。

男人碰到漂亮嫵媚的美女，就像貓兒看到魚，或見了佳饌珍羞，總聯想到「吃」起來不知何種滋味。

女人遇到男人，第一個念頭是想到可不可靠的問題。

男朋友帶著女朋友去旅行，在想入非非的套房別墅哩，他必定是千方百計設法解決掉她，她則思考回絕的辦法。

這是兩性在性愛上的差別，要瞭解才不會發牢騷或產生誤解。這是我的一位失戀四次的朋友說的，對嗎？

完美的效果

對性的過於放任無度和積壓禁絕都非上策，其需要之程度視人而異，有一日三次，有三日一次者不等。

經過不斷調整後，雙方都得到稱心如意，女人可以不紅杏出牆，男人不拈花惹草，促進婚姻美滿，家庭幸福。

對男人而言是「採陰補陽」；對女人而言是「採陽補陰」，雙方相輔相濟而無損失。能控制生育，更高竿的能控制性別。

能解除某些精神壓力，身心得到舒暢。

對某些人而言，發洩胸中鬱悶，減少社會暴力事件。

對大部份人而言，可以提高工作效率。做愛不僅可以釋放壓力，而且產生旺盛的生命力，促動想像力和創造力。

性交與金錢

朋友之間，同事之間，父子之間，談到錢都很小心。怕「談錢傷和氣」，但是這些人天天想要錢。老張想老李借的兩萬元該還了，小子想老子的財產什麼時候才分，薪水階級的人朝思暮盼就是加薪和年終獎金。

人與人之間，尤其男女之間，更尤其在上流社會或有教養的家庭裡，談及「性交」之事，不但低俗，而且大逆不道。所以大部份都很曖昧，或者無可奉告。

這兩件事情有共同之點，它們只能意會不能言傳，最好是悶著幹，幹完了都不必說出來。

像在阿里山欣賞日出，只要默默領會，不要聲張。向與古人神交，用沉思頓悟，不必高談闊論。

少年的愛

青年人到十五、六歲，性愛開始有複雜紛擾的變化。

這種變化破壞了情緒的穩定，有時候熱情奔放，明朗快樂又友善；有時候多愁善感，沉鬱憂悶，像在逃避現實。

這些個無常的喜怒哀樂都起因於對性愛的衝動和需求，他對異性強烈的興趣，使不懂得人覺得不可思議。

男孩子可能會把一朵花、一件女裝、一本書都幻想成女人或性器；小女生則把一支筆、一隻馬看成英俊男士。

甚至他們把完全沒有意義的東西也看成性的表徵，把世界上的一人一物都看成一種愛的誘惑。

他們漫無目的，不計後果找尋滿足和刺激，像熱鍋上的螞蟻或瘋狗。聰明的父母如不留心，後患無窮。

性與生活

「性是生活」並沒有錯，「生活是性」就偏差了。有人問「性是什麼滋味？」，我答「好像吃飯」。不論男女都非吃不可，但是吃多了人會生病，吃少了健康不良。非得恰到好處不可。

生活是一種活生生的經歷，性愛也是一種血淋淋的經驗，要從臨牀實驗才能感受到真正的滋味。

在沒有領悟之前是神秘的，無從形容，自己來過就知道那是生活的一部份，絕非生活的全部內容。少數人把男女關係都解釋成性的作用。這些人若非偏激份子便是野獸。

性與生活都是現實環境中必須用實驗才能懂得的，要懂得運用與調配，才能如魚得水，如鳥翔空。這就是生活。

「性愛合一」哲學

今天我們講「性愛合一」就像是「天人合一」、「主客合一」、「心物合一」、「靈肉合一」同樣，是一種被證明在人類社會中最合情合理，最適合人類的哲學。

若兩者之間不平衡，如唯物論、唯心論。我們也來大談其唯性論或唯愛論；常會導致人與人之間感情的變態發展，男女間陷於冷酷無情與虛無漂渺。

西方社會因受到唯物論、存在主義、虛無主義、個人主義的薰陶，導致飲食男女不擇手段去追求享樂。終於衝破道德之藩籬，大搞性開放、同性戀等。

這就是西方哲學對其社會最後終要造成大亂之源。

吻的學問

要吻到沉醉忘我的境界，有諸項要領應把握：
擁抱要緊，中間不留絲毫空隙。
嘴要張開到能容得下對方整個舌。
衣服勿穿太多，雙方要能稍感肌膚磨擦快感。
時間、場地、光線、氣溫、音樂、味覺、情緒要配好。
吸氣呼氣要均勻，用力適中，不可太猛以免碰破皮膚。
室內其他房間都不要有閒人言談或小孩吵鬧。
最重要是兩個純潔的靈魂，四片甜蜜唇瓣，一份濃濃的愛，把兩人融為一體，立刻走進忘我境界。
所以吻事是藝術、美學、哲學，也是細密的科學。
有時候一個吻就是一場戰爭。

吻的好處

這是一種準備功夫，使性愛更交融歡樂。

是想要更深瞭解女人的初步，吻得好，她更愛你。

吻可以探知女人下一步棋可能如何走法。

嘴渴了，來點飲料；沒話說時，用以解除寂寞。

女人的唾液是男人的營養品（不信可以問醫生）。

「男的朋友」或「女的朋友」一吻定情，很快變成「男朋友」和「女朋友」，其中之別有如天壤。

「吻」在男人是做愛的前奏，女人感受的是淡淡的愛。

吻可以考驗男人的膽識和駕御女人的能力。

吻可以促進雙方溝通，消除吵架後的隔閡。

吻還有許多好處，不妨找個機會多試試。

第五輯

兩性關係勵志雋言

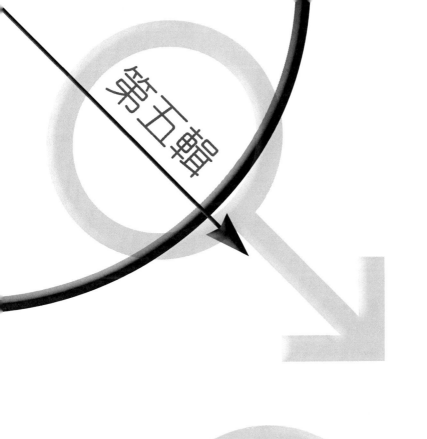

人人都是半人半獸

兩性之間為什麼疏離感愈來愈嚴重？一方面不婚族人口不斷升高，離婚率更逐年高漲，讓人覺得兩性之間是不是愈來愈難相處了。我覺得有下列三項是「本質性」或「結構性」原因。

人類社會走上民主這條路，短期看是福，長遠看（百年以上）是禍。「民主」其實是假相，搞爽的，實際上是進化論為基礎的資本主義，最後結果必瓦解人類千年建構的人倫、文化、文明制度，只剩弱肉強食。

婚姻制度違背人性。不管東西方，婚姻制度都為維持社會安定與發展，但違背人性，成為枷鎖。

人人都是半人半獸（不信者自己去問大師吧！）。這又回到人的基本面，每個人不僅是一個「獨立的人」，更是「孤獨的獸」，都只活在自己的世界，不可能活在別人的世界。兩個世界的「溝通」多麼困難。

所謂「一花一世界」，傳統世界有很多「橋」（倫理、道德、婚姻等），現代社會「橋」都斷了，人人都會活在一個孤獨、孤立、疏離的個人世界中，不可逆了。

「走出情傷心更寬」

正當我修訂本書，看到有一位叫陳維賢的，在人間福報寫的一篇文章，指導離婚婦女走出情傷，覺得很有價值，摘要重點如下：

身體要健康，精神不能崩潰。
錢財守好，「金錢不是萬能，沒錢萬萬不能。」
努力爭取兒女監護、探視權，爭不到也別發瘋。
尋求外力支援，勿單打獨鬥。
讓生活恢復正常，勿在到處訴苦。
盡快堅強起來，別在公開場所落淚。
每日好好裝扮自己再出門，讓自己光鮮亮麗。
獨立思考、面對問題、解決問題。
清楚自己要什麼？又不要什麼？

展開再學習之旅，也許有新發現。
警示自己：失婚不是脫軌，是生命跑道再出發。
勿再迷信完美愛情，人人都是半人半獸，自己也是。
不要自憐自艾，否則誰都瞧不起妳。
勇敢前行，靠天天老，靠人人跑，靠自己最好。

星雲大師談「四個夫人」

星雲大師在一篇文章中，談到「四個夫人」，很有啟發教育意義。話說有個富翁有四個太太，大太太年老色衰，已不得寵。二夫人還稍具姿色，偶得眷顧。三夫人聰明能幹，擅理家務，很受富翁依重。四夫人年輕貌美，最受寵愛。

有一天，富翁病重，臨終覺得黃泉路寂寞，希望最受寵愛的四夫人一起陪著死。不料四夫人說：「我雖得你寵愛，但死了何愛之有？我不想死，你找三夫人吧！」富翁只好求三夫人，三夫人說「我還年輕，可以改嫁。」而二夫人也說：「家需要我打理，只能送你到山頭。」最後求到大夫人，大夫人說：「嫁雞隨雞，陪你死，是應該的。」

這是寓言，四夫人代表我們「身體」，人死肉身壞滅；三夫人代表「財富」，死了半文帶不走；二夫人代表「親友」，最多送到山頭；大夫人代表「心識」，所謂「萬般帶不去，唯有業相隨」。

所以人造了什麼「業」，就會流轉到來世。

星雲大師講「三等媳婦」

我師父星雲大師不僅是一代高僧，也是兩性和婚姻諮商專家。例如，師父認為兩個女人之間，不必然一定會有問題，端看做媳婦的肯不肯用心經營婆媳關係。媳婦有三等，妳做那一等？

第一等媳婦：主動經營婆媳關係：不會先懷成見或敵意，觀念上先設想：今後多了一個母親，以自然敬重之心對待，勤勞理家，視婆家同娘家。

第二等媳婦：若不幸碰到「非理性婆婆」（人皆非理性，程度不同），或惡婆婆。但禮貌不能不顧，倫理不能不重，該盡的本分仍要盡，並尋求可以改善的空間。

第三等媳婦：一到婆家即擺出對立態勢，終日計較，到處詛咒、怨恨、投訴，這別說婆媳關係，連夫妻關係大概也不能維持了。

東西有上等貨、中等貨、下等貨；如果把人比為貨品，妳要當那一等。事實上，人也有上、中、下三等人。

星雲大師談女人家暴

現代所謂「家庭暴力」，施暴者大多是男人，女人是受害者。但星雲大師認為女人在某些方面也是暴力，需要各界關注和改進。

女性比較嘮叨、囉嗦，有時一些不快的往事仍再三重複的念。男人聽了很煩，也是疲勞轟炸，也是一種暴力。

有的女性疑心很重，一點小事拼命追查，或「一哭二鬧三上吊」，讓先生很反感，這也是一種暴力。

有的女人嫌丈夫沒出息，沒用又不會賺錢，或不懂升官之道。這種不斷怨恨也是暴力。有的女性不擅理家，家中如垃圾堆，又懶得理三餐，光用現成的垃圾食品給家人食用，這種邋遢也是暴力。

星雲大師果然慧眼，他道出許多男人的心聲和處境，但是人到此刻才要她轉變，幾乎是「不可能的任務」。男人啊！婚前睜大眼睛吧！

星雲大師對女人的了解

我師父星雲大師，一生傳揚佛法，為當代了不起的有道高僧。但我更佩服他的，是他一生未「接觸」過女人，對女人卻很了解，他把現代女人的喜好性向分六類：

第一類：愛美是女人的天性：有的更重視外表妝扮，凡衣服、皮包、口紅、耳環、髮型等，都特別講究。

第二類：美食主義女性：吃比美、比家等更重要。

第三類：住家品味型：吃和服飾不太計較，但住家要有品味，有小庭院、窗明几淨、設計典雅。

第四類：精神心靈型：食衣住都不太計較，但重視精神心靈層面，家有書櫃，粗茶淡飯，生活清雅。

第五類：家庭型：不求太好，不求丈夫升官發財，也不願意丈夫出外應酬，全家一起，平安便是福。

第六類：交際型：在家待不住，不太管兒女丈夫事，在人群中如魚得水有活力，善於處理公共事務。

星雲大師為天下男士們歸納出六種女人的特質，你喜歡那一種？可按「模型」找尋。

完美和偉大來自距離

我們為什麼覺得孫中山、蔣中正神聖、偉大或完美呢？生長在大陸的人必然也覺得毛澤東偉大神聖。這都是「距離」創造出來的美感，距離愈遠，所知愈少，愈能產生「空靈」美感，就愈覺偉大。

若你去問一下這些偉人的兒女，他們可能說：「討厭的老頭子，一天到晚管東管西。」同理，愛情也是距離創造出來的神話故事。男女開始戀愛，雙方展示最完美的一面，所有問題全都藏起來，

怕對方發現。此時，兩人所見的對方全是「假相」，看似每日黏在一起，其實距離遙遠。不久真相大白，愛情破滅。

有的演技很好，雙方問題都能掩蓋的「天衣無縫」，完美極了，終於結婚，日久總會露出真相，問題來了。

就算沒有問題，婚姻生活兩人每天在一起，吃喝拉睡都在一起，「距離美感」破壞，終日忙著三餐家務，還有什麼美感？

成功只是一種生活習慣

從古自今，大家都在追求成功，通常人只看見別人成功的風光，看不見之所以成功的原因；也只會抱怨自己的失敗，極少檢討造成失敗的原因。我們在「結交」一個對象，尤其女性在「蒐尋」一個目標，這是很好的觀察指標。例如一個人：

好吃懶做、消極、肥胖、生活顛倒。

自私自利、一毛不拔、與人交不捨花半文。

壞習慣，如嗜酒、好賭、好色、吃檳榔。

愛說謊、欺騙、心術不正、為人不誠……

總之，不良行為愈多，此人離成功愈遠，跟著這種男人，一輩子沒希望。反之，一個男人沒有那些不良習慣，而有很多好習慣，如勤勞、真誠、生活正常、有讀書習慣……這是一個好對象，宜把握機會。

父母類型對子女的影響

何種家庭？何種父母？會產出何種性格的子女，是一種必然的「因果關係」。世上很多偉大的作家、詩人，都有「戀母仇父」情結，一生無法擺脫。美國大作家愛倫坡（Edgar Allen Poe，1809-1849）是最有名的例子。

一位心理學家把父親類型分五種，分別是超級成功型、定時炸彈型、消極型、冷漠型和良師益友型。這五種會分別影響子女不同的性格，左右著他們的事業前途。

例如，「定時炸彈型」父親，脾氣火爆，隨時對家中任何人發威。子女便學到高度察言觀色力，使他們在職場工作、談判，都有傑出的表現。而「冷漠型」父親，會使孩子力爭上游，企圖自己當老闆，這類孩子大多很卓越，超過他們父親的成就。

父母家庭對孩子影響是必然的，但很多孩子一出生，父母就是酒鬼、毒鬼等，或更不堪的妓女、流浪漢、乞丐等，真是上帝也救不了他們，只能看造化了。

外遇正常化？或新制度？

大家都知道，現代社會的外遇現象日愈普遍？幾要「攻略」現有婚姻制度。如首富郭台銘說：「在座那位沒有逢場作戲過」，成龍亦言「犯了天下男人都會犯的錯」，有些地方女性外遇高過男士（如上海）。社會發展為何走到這地步，這是歷史走向的「必然」嗎？

確實是。當代世界重量級社會學家、英國政經學院院長紀登斯（Anthony Giddens），認為是資本主義發展的結果，外遇是必然的普遍形成。所謂的「現代社會」，人的社會生活脫離了時空的脈絡，成為離根的飄萍，這便是「脫離所本」、「失本」（Disembedding）。

現代資本主義與民主開放，帶來高度的社會流動，婚姻不再是穩定生活的保障。甚至由倫理道德所建構的婚姻制度，反而成為現代男女追求幸福快樂的阻礙。

天啊！婚姻制度本來要追求幸福快樂的，現代反而成為幸福快樂的阻礙。星雲大師的叮嚀，恐怕擋不住社會發展的趨勢！

「結婚三階段」能救現代婚姻嗎？

針對現代社會離婚率不斷高漲，外遇幾成「常態」，家庭破碎後，製造更多問題兒童。星雲大師提出「結婚三階段」說：

戀愛前用雙眼把對方看個清楚。此時雙方沒有任何承諾和誓言，可以慢慢看，千挑萬選，適合才進行下一階段。

戀愛時要用一隻眼睛看。如木匠用一隻眼睛來目測尺規，才能看的直、看的準。

結婚後閉起雙眼，都不用再看了。

似乎很多有智慧的人也這樣說，偏偏人就是這樣，婚前不看，婚後看；婚前不理性，婚後變理性，當然問題愈來愈多。我有一友抱怨說：「她少一根筋，難相處。」

我告以秘方曰：「她少一根筋，你少兩根，萬事都ＯＫ。」

自己的最好

作家愛他自己的作品，因為他下了工夫心血。
軍人愛他自己的武器槍枝，那是他的第二生命。
商人愛他辛苦賺來的錢，這是他的血汗錢，他的資本。
夫妻愛他們共同建造的巢，更愛他們流血流汗的結晶。
愛人珍視愛人所贈送的一片楓葉。
女人愛她自己的男人，男人愛他自己的女人。
女人也愛她的鑽戒衣裳，男人更愛他的事業前程。
自己的女朋友最漂亮，她送的相思豆最相思。
小孩愛他的玩具，誰都不能拿去。
自己家庭最溫暖，雙親最慈愛，自己的兒女最乖。
自己的照片最得意，自己的牀最舒服，反正自己最好。
人都活在自己的世界，自己的世界最完美。

人神之差幾稀

我發現愛河中男女也很現實，婚前都稱呼「我可愛的小鳥」、「心中的女王」、「王子」、「天使」、「吾愛」、「小蝴蝶」等，簡直神話了。婚後就每況愈下。

她叫他：外子、孩子的爸、另一半、我那男人、老頭、死鬼、老頑固、老東西、當家的、老仔、老公、老鬼、喂，或連名帶姓直叫，真是慘不忍睹啊！

他叫她就更難聽：土匪婆、老虎、獅子、煮飯的、洗衣的、老婆、內人、內子、拙荊、荊室、糟糠、婆娘、老妻、女人、那口子、孩子的娘、女暴君、家室、家後等，反正也沒有一句好聽的，這婚前婚後之差真大啊！

相同的愛好使感情更甜蜜

在鳳美克夫人給柴可夫斯基的第三封信中說：

「我聽你的音樂就像和你談話一樣，我相信在聽你的音樂時，我是跟你融為一體了。」

在現在這個工業物質文明發達的社會裡，許多人太過於講求利害關係，對婚姻愛情都有嚴重的影響。

如果男女婚姻愛情的建立，例如都熱愛古典文學或喜愛古玩藝術，或爬山野營，真的能增加許多生活情調，使感情更為凝結堅固。即使夫妻有某些缺點，也能用這種共同的「志同道合」加以修飾彌補。

世上之最

情話最甜蜜，情書最值錢。
愛人和別人跑了最痛心，鴛鴦被迫分手最痛苦。
相思最難熬，離情最依依。
美麗的花插在牛糞上最可惜，娶到惡妻最叫人同情。
妻語忠實最逆耳，妓言虛偽最誘人。
被妻子強迫離婚最窩囊，被丈夫強迫離婚最悲慘。
男人無能最可憐，妻子不貞最糟糕。
玩弄愛情的男人最可惡，玩弄愛情的女人最殘忍。
破壞別人家庭的男人最混蛋，愛上有婦之夫最笨。
好的男人要公事為重，房事女人次之，家務為輕，閒事勿管；好的女人家是最重要，房事次之，公事不要管。

天下最悲哀的事

女人嫁錯了丈夫，一生都痛苦。

男人娶錯了老婆，一生都悲哀。

結了婚才發現有一方不能人道。

男人行房時欲振乏力，得不到太太滿意。

鰥寡的老者無人奉養。

白髮人送黑髮人，真是可憐。

「木欲靜，風不止，子欲養，親不留」。

父母要離婚，子女不知何去何從，最是可憐。

不知道爸爸是誰，也不知道媽媽在何方？

妻子的心惦念別的男人，丈夫心上放著別的女人。

大丈夫被自己心愛的枕邊人「暗算」，誠然可悲！有一則社會新聞，先生被老婆聯合客兄謀害七次而未死……他尚未察覺……。

如何教子？

有錢人教子，要去掉奢侈浪費，驕傲自大之氣。
窮人教子，學如何立志創業，勤儉以成家。
公務人員教子，首重公私分明，守身廉潔。
軍人世家教子，學領導統御，忠勇報國。
歡場女人教子，學讀賢人詩書，教下一代重新做人。
農人教子，學勤勞苦幹，農事種植以養天下。
商場中人教子，學商業道德，施捨濟人。
書香之家教子，學前人風範，治學治世。
醫生教子，學高貴醫德，不要見錢不要命。
律師教子，學法治精神，以法教人，服務社會。
大凡吾人教子，應以善為起點，教為人處世之道理。

那些人少到家裡來

挑撥是非的女人勿進大門來。
想來炫耀她有名貴手飾大衣的女人勿進我家門。
來找三缺一的女人不得進門。
來找老婆打一會的女人要考慮。（倒會風太盛）
來歷不明的女人不能隨便讓她進門。
十多年未見，突然慇懃來訪的女人要特別小心。
從東京回來向妳推銷日本貨的女人少和她接觸。
第三次來借錢，而前兩次借款未還的女人不要接見。
教老婆御夫術的女人不要來。
最好三姑六婆這些準禍水都少來。反正愈少有女人到家裡來，愈能保持家庭的平安寧靜。

邪門的意義

古人說：「邪書休看，邪話休聽，邪人休見，邪地休行」，真大大得錯誤啊！

邪書要看，看那裡邪，會讀書的人邪可正用。

邪話要聽，聽那裡邪，給他有力的辯證或反駁。

邪人要見，見那裡邪，給他徹底修正或教育。

邪地要行，看如何邪，以提醒大家注意，加以防範。

正邪之分本無固定明確之界說，端賴方寸之地如何設想。存心不正者，正被邪用；存心正義者，邪可正用。

如吾人正氣磅礴，舉止光明磊落，則邪書邪話邪人邪地等之邪門歪事，能奈於我何哉！「平時不做虧心事，半夜不怕鬼敲門」，是也！

美麗的廣告

女人常問：「你到底愛不愛我？你不能丟下我哦！」
男人總答：「我永遠愛妳，一輩子守著妳，愛妳。」
女人常說：「我這一切都是為了愛你，你知道嗎？」
男人必答：「我知道，我要用整個生命來報答妳。」
女人說：「不！不！不行啦！這樣會懷孕。」
男人答：「那有什麼關係，反正明天我們就要結婚。」
戀愛中的人常說：「愛是無條件的犧牲，愛是為別人尋找快樂」。其實都是愛情商店裡美麗誘人的廣告，合法的謊言，是沐浴愛河中人打出來的招牌。

在所有感情當中，男女的情愛最自私，表現於外者又最冠冕堂皇。他們的世界中只有兩個人，不容第三者插入。

年輕人的世界

現在年輕人談情說愛講究氣氛情調，雙雙對對無不往純吃茶、半吃茶、金馬車、銀馬車裡鑽，真是香不勝收。

大電影、小電影、舞廳、歌廳，目不暇給，綺麗風光，愛的享受，美的調和，都堪稱是第一流水準。

中餐廳、西餐廳、韓國日本越南菜，任君選擇。

父母親開放，鼓勵社交，傳授經驗，不必受到限制。

升學壓力減少，玩的東西多，娛樂場所機構不斷增加。

真是要錢有錢，要人有人，要車有車；觀光旅館，花園別墅，高山大海，任你遨遊。

誠然是年輕人的世界。

我覺得最可憐的是老年人，好的是帶小孩煮飯，差的簡直無依無靠。沒有他們的世界，有誰願意為他們設想？

妒嫉

妒嫉是一種安眠藥，適量使夢更甜，過量則駕返瑤池。

像嗎啡，用得當可催眠止痛，否則劇毒發作危害人體。

妒嫉是一支香煙，飯後只要一根就快樂比神仙；一旦上癮不抽就很難受，抽多了又招惹癌症，老命去也！

妒嫉是一種牀上用的春藥，淡淡的妒意會使你如鳥翔空，歡樂無比。用太多或常使用都是有害身心，以後就不靈。

妒嫉是愛情的一部分，太濃刺傷感情，太淡不足以表示愛意，定要恰到好處，才能使愛情更甜更蜜。

有人用妒嫉表示他的愛情，有人是因為愛情滋生妒嫉。

沒有妒嫉的人就沒有愛情，妒嫉與愛情是一對姊妹花。

但是，你聽過因妒嫉而使愛情、婚姻破滅嗎？我聽過。

愛情的致命傷

愛情有痛苦、失望、懷疑，獨破滅不得。
愛情有悲慟、劇變、憤怒，獨心死不得。
愛情有離別、誤解、孤寂，獨灰心不得。
愛情有不滿、愚笨、失敗，獨不能把對方看扁。
愛情有打架、吵架、爭論，獨不可就此算了。
愛情有哭泣、辱罵、賭氣，獨不可記在心上。
丈夫事業有成功、失敗、得意、失意，却不可強求。
房事有順利，有未盡滿足，不必刻意計較。
人非聖賢，夫妻有過有錯，不必蛋裡挑骨頭。
經濟有景氣不景氣，生活有好過難過，要能悠然自得。
愛情是一種悲歡離合，酸甜苦辣的東西，有致命之處。

愛與苦悶

太懂得愛或看太遠太透徹的人，心靈深處常有寂寞苦悶；但寂寞苦悶的人，就不一定懂得愛。

愛是苦悶，苦悶未必是愛；內心充滿苦悶的人，絕對不懂愛；愛得太神聖的人，尤其來的苦悶，但能甘之如飴。

內心沒有愛——一片空白的人，必定沒有苦悶。

只愛一個人——不愛其他任何人，經常在苦悶中。

只有狹義愛的人，有滿腹不能化解的苦悶。

大愛可以把苦悶昇華成至樂。

哲學家把愛化成苦悶，凝結成重重疑問。

文學家把苦悶昇華成愛，變成感人的文學藝術。

真正的軍人沒有苦悶，只有愛與死。

大地之初

孟子說：「人性本善」，是講萬物最初都是真善美的。後來才壞的，不錯！宇宙之初寧靜平和，沒有爭鬥較量。

花兒初放最芳香，慢慢的就綻放、枯黃、凋謝、落地。

筍兒初出最甜嫩，後來就不再細皮白肉了。

少女情竇初開時，喜氣馥郁，其味芳香。後來就懂事成熟，大膽豔麗，越來會越不像話。

蘭秀芝榮，大家慶賀；蘭摧玉折，都哀痛欲絕。

兒童都是純潔可愛的，長大了才會殺人放火。

新婚之夜最難忘，以後就不了了之；新婚家庭最有朝氣，逐漸就鬆了；妓女初夜最值錢，往後就水降船低。

時間的腳步不是走向罪惡醜陋，就是大步邁向死亡。

要善用身上的器官

母親生我雙手可用於創造作品、發展事業，或用以彈琴娛樂，不是用來偷竊或毆打老婆。

生一張嘴用以表達談話藝術，亦非用來吵架罵太太。

生我性器除了生殖綿延後代以外，還能追求雲雨之樂趣，消解生活的壓力和寂寞，促進體內代謝作用等。

若吾人亂用性器，經常是蹧蹋掉好女人，也會蹧蹋自己遺患後代，更對不起雙親當初創造它的苦心。

又生我一個智慧大腦袋，要善為運用以開發「兩耳之間」，發揮人的潛能，為千萬人服務，才是積極的人生。

有些男人看到漂亮的妞就想打歪主意，他們以「端」女人為榮耀。事實上這是下賤的想法，樂此道的人請三思。

一加一等於一

朋友的感情像十進位，一加一等於二。

婚前男女愛情也是一加一等於二，因為他們雖然交情頗深，都還要保持一個獨立自主的「我」的意識。說明白些他們為了維護自己，都保持適當距離，以免傷人或為人所傷。「防人之心不可無」，是很正確的作法。

婚後的愛情像二進位，一加一等於零進「一」，他們已經不必保持距離，他們要去掉原來的自我，結合成新的一個「完整的我們」。夫妻之間若能進於一，就是幸福的一對；若依然是婚前的兩個，各行其是就會經常吵架。

人世間各種感情中，只有愛情才有兩者合一的可能；其餘的友情、兄弟、人情都有個體間必要的安全距離。

愛的勢力

在我心中，愛是個握有絕對力和權的指揮官。

我不會向任何威脅我的惡勢力低頭，却可以屈服我所愛的女人；她的要求不論對或錯，都甘之如飴。

甚至世上無任何力量能阻止我將進行的事，獨女人的愛情能叫我「懸崖勒馬」，我的一切作為都是為了愛。

只有愛能叫我去死，能叫我活著，我的生存是為了愛。

有史以來，男人幹出許多轟轟烈烈的大事業，讓後來的人大書特書。他後面大多有個更了不起的女人在撐腰。

以前大陸的文學家、科學家、音樂家、情侶等，冒死逃向自由世界，因為他們懂得愛，他們需要愛。

全世界活著的人，都是為了一種愛。

要改變的觀念

時代進步了，許多關於女人的觀念要修正：

女子難養——現在女人都能自立，自己養活自己。

女人只能生孩子做家事——現在許多大公司老闆是女人。

女人貼身衣物不潔——現在是贈送女友的最佳禮品。

女人手摸過的東西不純潔——現在剪綵要用美女的玉手。

月經是髒的——現在不但要大方的談論，而且小孩到了十歲必須逐漸教導有關生理衛生的問題。

女人不能拋頭露面——現在更進步，義演義賣，示威遊行，街頭演講，還拋頭顱，洒熱血。女人已變成時代寵物。

愛之定義

愛是磨練、節儉、忍耐、淡泊、孤寂、哀怨、溫柔、誘導和親自下手去做；愛不是享受、富裕、發洩、濃艷、熱鬧、刺激、好強、逼迫和凡事指揮她去做。

君不見大丈夫在外忙的不可開交或忍氣吞聲，都是為了太太；女人為先生也要做家事兼上班，忙成了黃臉婆。

媽媽為兒女忙的脂粉無施，腰圍漸粗；老子為了栽培小子，髮已半白，這許多沒有條件的犧牲，就是愛。

現在有少數的人不懂愛的真義，太太設計先生的私房錢，先生計較太太花的菜錢，他們那裡會有甜蜜的愛情。

更可惡的是結婚都沒有開始，就先談價錢；沒有出嫁就先問存款，這又那裡有感情，簡直是愛的一大諷刺。

一剎那的昇華

母親的眼睛可以從她那已經殘缺不全的兒子身上找出美麗的希望；詩人的心靈可以從頑石和枯樹上感應出不朽的詩歌；而戀愛男女可以從粗魯男子臉上凝視出白馬王子。

愛情可以從生了絕症的男友身上發現天堂的存在。

愛情可以從輪椅上的女友追尋到甜蜜的幸福，從他的回眸一笑感受到最大的滿足；所有現實世界中的醜陋痛苦，都會因為愛情的發生而昇華成永恆的真善美境界。

所謂「從一粒沙子看世界，從一朵花看天堂」，用在愛河中的男女最適合；愛，經常在極短暫的歲月裡，感覺出愛情的永恆。這就是一剎那的昇華，或一念之間的改變。

文憑有時不管用

公司裡也許高中畢業的當職員，大學畢業生當工友，小學沒畢業的當總經理。「愛情無限公司」裡也差不多。

有的男人放著體貼漂亮的女人不要，放著文學院畢業的名門閨秀不要，偏偏去愛上窮人家的醜小鴨，說來氣人。

有的女人放著雄壯威武，精明能幹的男人不要，放著醫學院高材生不要，硬是愛上工廠大老粗，真是氣死人了。

愛情就是這樣，學位文憑有時不管用。雖然你曾經「黑狗、黑貓一大堆」，也會有陰溝裡翻船的可能。

失戀的人大都是飽學之士，或自稱對女人有辦法的人。

作者打從國小五年級開始研修愛情課題，至今總算有一點頭緒，愛情真是妙極了。

山不在高，有仙則名

同理，女人不在年輕漂亮，有氣質就是美。
妻子不在是否富家千金，能相夫教子就是賢妻良母。
男人不在是否英俊瀟灑，有志就是英才。
母親不在於能做多少好菜，有愛心就是好媽媽。
父親不在於賺錢多少，有責任感就是好爸爸。
找小姐不必花容月貌或所讀學校科系，有德就是才。
找男朋友不在身高外表或學位家世，真誠就是好伴侶。
朋友不在酒多，能相互勸勉，砥礪向上的就是益友。
知己拜把不在多人，只要一兩個，此生已足。
在窯子館玩女人不必在乎胖瘦，有味道的就是上品。
所以看一件事不能光看表面，真理經常藏在後面。

愛的力量

人與人之間沒有愛，必然充滿敵意猜忌；有了愛就會守望相助，敦親睦族。這個世界也是一樣，沒有愛的時候，世上一片荒原；有了愛意就處處是青青河畔草。

沒有愛，山是山，水是水；有了愛，山已非山，水已非水。沒有愛的時候，家庭裡冷冷冰冰；有了愛就充滿溫馨。這就是愛的力量，愛可以改變一切。

社會沒有愛，一片黑暗恐怖，人人自危；有了愛就一片和氣團結。國際間沒有愛做溝通，就會有動亂戰爭。

極權國家成千上萬的人往外逃，是自由世界的愛吸引他們，愛之力量無窮，能改變人的感覺，改變世界景象。我以為是愛的力量創造天地，愛豐滿了人類社會。

愛是一種負擔

愛情是最大的重擔，你要愛她，就要對她負起責任。精神物質都要讓她飽足，給她愛情和麵包。結婚那天起，她要吃、要穿、要用、要買都要靠你。以後有了孩子，要養要育，要管要教，更是費用不少。多了兩個爸爸媽媽，多了幾個兄弟姊妹，這期間的紅白喜事等，平添不少應酬與煩惱。再以後，女兒出嫁少不得要賠些老本，兒子結婚這件事更非同小可。若干年後，兒女走的走，跑的跑。要準備兩老下半輩子的生活費，以免看人臉色過活，這一切都是源自當初一個「愛」字。朋友！如果愛她，她的生命肉體就是你的生命肉體，爾今爾後，妻子、家庭、子女，夠你扛的。

文明的危險

物質文明的過度發達，造成人的眼中只有錢，女人只嫁給金錢財富。他們把錢誤解為感情和事業，把人生的成就誤解成財物的堆積。所以人際關係冷漠如冰，薄如紙。

許多人都說有了錢，就有名利地位，錯！錯！錯！

愛情的過度隨便，造成青年男女都不在乎。男人對性慾視為無所謂的發洩，女人視貞節只是一個「觀念問題」，甚至只是一件小手術，反正破了可以再補。

愛情不正常的新潮，使人視離婚為人生正常的悲歡離合，所以婚姻制度也正受到摧殘，這是文明的危機。

故國家之治亂，繫於社會之隆汙；繫於人心之振靡；人心之振靡，繫於人對金錢和女人的態度。

人的怪癖

人都有怪癖，愈是密封的緊，愈想打開看；愈是得不到的東西，愈想得到。
所有男人都追不到的女人最有誘惑力，非追追看不可。
禁書最引人好奇，非買到不可。
禁果味道十足，非吃不可。
禁地最引人遐思，非到不可。
禁玩的女人最拜倒，非過招不可。
不能追的女人最惹人心癢，非追到手不可。
禁看的影片最易引人胡思亂想，非看不可。
禁品最值錢，非買不可。
禁去的山岳最有挑戰力，非去不可。
禁區最神秘，非揭開不可。

說嫖賭之害

對人生傷害最大的二種毒，嫖和賭。一個人想有美麗的人生，想好好做事業，定要遠離此兩禍首。

你知道隋煬帝是怎樣死的嗎？答案是「嫖死的」。

他盲目亂嫖，每日數次，東西南北宮輪流來侍候。最後終於「中標、脫陽」而死，為歷史上最荒淫無度的君主，雖然是一條龍，也注定非死不可了。

以賭為業，嗜賭如命，終於傾家蕩產，賣女割妻。

賭會賭掉生命，賭掉江山，賭掉妻兒子女。

花街柳巷到處亂嫖，得了國際梅毒就完蛋。

酒是穿腸毒藥，酒使人失去理智，喝上癮更麻煩。

嫖賭酒也會使君丟掉烏紗帽，丟掉眼前的一切。

感情的距離

感情是一種好酒，越陳越香。小倆口在晚餐時互敬一杯，會醞釀出更醇的愛情，也有助巫山雲雨之進行。如果狂飲過量，不但喪失所有房事樂趣，說不定有嚴重的後果。

男人和女人在某些地方，需要有距離的存在。

愛情像火，在適當距離與溫度內，就感覺如春暖花開一樣可愛；如過份熾熱，也許會毀滅他們兩個人。

西諺道：「感情是吹動風帆的風，能令船隻翻沉；但沒有它，船便不能行駛。」，愛情需要風帆來推動，却不能把他們推向漩渦。

火需要控制，風需要駕御，愛情需要適當距離。

不可熱如烈火，狂如暴風，快如閃電，都是忌諱的事。

語言文學類　PG0473

男人和女人的情話真話
——兩性關係的生活智慧

作　　者 / 陳福成
責任編輯 / 林世玲
圖文排版 / 蔡瑋中
封面設計 / 蕭玉蘋

發 行 人 / 宋政坤
法律顧問 / 毛國樑　律師
印製出版 / 秀威資訊科技股份有限公司
114台北市內湖區瑞光路76巷65號1樓
電話：+886-2-2796-3638　傳真：+886-2-2796-1377
http://www.showwe.com.tw
劃撥帳號 / 19563868　戶名：秀威資訊科技股份有限公司
讀者服務信箱：service@showwe.com.tw
展售門市 / 國家書店（松江門市）
104台北市中山區松江路209號1樓
電話：+886-2-2518-0207　傳真：+886-2-2518-0778
網路訂購 / 秀威網路書店：http://www.bodbooks.tw
國家網路書店：http://www.govbooks.com.tw
圖書經銷 / 紅螞蟻圖書有限公司
114台北市內湖區舊宗路二段121巷28、32號4樓
電話：+886-2-2795-3656　傳真：+886-2-2795-4100

2010年11月BOD一版
定價：250元

國家圖書館出版品預行編目

男人和女人的情話真話 ： 兩性關係的生活智慧 / 陳福成著. -- 一版. -- 臺北市 ： 秀威資訊科技, 2010. 11

面； 公分. --（語言文學類 ；PG0473）

BOD版

ISBN 978-986-221-646-0（平裝）

1. 兩性關係 2. 生活指導

544.7 99020029

讀者回函卡

感謝您購買本書，為提升服務品質，請填妥以下資料，將讀者回函卡直接寄回或傳真本公司，收到您的寶貴意見後，我們會收藏記錄及檢討，謝謝！

如您需要了解本公司最新出版書目、購書優惠或企劃活動，歡迎您上網查詢或下載相關資料：http:// www.showwe.com.tw

您購買的書名：________________________________

出生日期：________年________月________日

學歷：□高中（含）以下　□大專　□研究所（含）以上

職業：□製造業　□金融業　□資訊業　□軍警　□傳播業　□自由業

□服務業　□公務員　□教職　□學生　□家管　□其它_____

購書地點：□網路書店　□實體書店　□書展　□郵購　□贈閱　□其他

您從何得知本書的消息？

□網路書店　□實體書店　□網路搜尋　□電子報　□書訊　□雜誌

□傳播媒體　□親友推薦　□網站推薦　□部落格　□其他__________

您對本書的評價：（請填代號　1.非常滿意　2.滿意　3.尚可　4.再改進）

封面設計____　版面編排____　內容____　文／譯筆____　價格____

讀完書後您覺得：

□很有收穫　□有收穫　□收穫不多　□沒收穫

對我們的建議：________________________________

____

____

____

請貼
郵票

11466
台北市內湖區瑞光路 76 巷 65 號 1 樓
秀威資訊科技股份有限公司 收
BOD 數位出版事業部

……………………………………………………………………………

（請沿線對折寄回，謝謝！）

姓　名：________________ 年齡：________ 性別：□女　□男

郵遞區號：□□□□□

地　址：____

聯絡電話：（日）________________（夜）________________

E-mail：____